一本書讀懂
「一帶一路」

梁海明◎著

崧燁文化

序

非常榮幸受梁海明先生的邀請為他的新著寫序。我曾熟讀海明的另一本著作《「一帶一路」經濟學》。與其他學者不同，他寫的學術書籍就如同小說一樣，讀起來引人入勝，讓人手不釋卷。

我是一位理論物理學家，過去的17年在大學負責行政工作。如果不是有了「一帶一路」，以我的背景和工作軌跡，我想我或許未必有機會認識梁海明這樣的一位優秀的中國經濟學家。

著名的科學家愛因斯坦曾說：「一切事情可以簡明表述，但不可被簡化（Everything should be made as simple as possible, but not simpler）。」海明的文章正體現著愛氏這一基本原則——他不高談闊論，不搬弄深奧難懂的理論，但從他的字裡行間，讀者可以感受到他對每個議題都有非常獨特、非常深刻的認識。他的書讀起來就好像讀小說一樣，行雲流水，必須一氣呵成地看完才覺得暢快。

說起我與海明的相識，不得不感嘆生命的奇妙！大概一年前，我在新加坡南洋理工大學高等研究中心的邀請下，到新加坡發表一個關於「一帶一路」的演講。我自己花了不少時間去瞭解和思考「一帶一路」建設能夠為中國政府，為中國民眾甚至為世界全人類帶來什麼影響、什麼改變。

這一系列的思考，逐漸將我帶入了中國學界在該領域的討論裡。在這段學習過程中，我很快發現了一個人，就是梁海明，所寫的文章讓我從經濟、歷史和田野調查研究等眾多的角度深入領會了「一帶一路」建設的內涵。

毫無疑問，海明的思維方式是新穎且充滿智慧的。但特別令我震撼的是，梁海明的思維方式並不局限在中國，也不僅限於中國周邊的一些國家，而是處處都存在全球思維、環球視野。

當他談經濟的時候，也絕不像多數經濟學家那樣，用枯燥無味的經濟學理論向外行人說教。梁海明的筆下，是從歷史看經濟，從文化看經濟，甚至是從美食看經濟的。

因為被他的這些思維和文章深深地吸引，所以我想辦法去跟他聯繫。首次通電話，我才發現我們兩個都是廣東人，於是很自然地一開始就用廣東話交談，相當親切。在這幾十分鐘的通話裡，我發現他思維非常清晰，不拖泥帶水。更重要的是，如我前面所說的，他討論任何問題都是從全球的角度出發，對「一帶一路」倡議亦是如此。

例如，當時我們討論到美國可以如何跟中國在「一帶一路」平臺上合作。海明馬上說：「中國有熊貓，中國有功夫，但是美國才有《功夫熊貓》。」海明的思維方式就是這樣一針見血，能夠立刻將最核心的問題放到面前來討論，而絕不是長篇大論，用深奧難懂的理論或政策來解釋中國跟美國可以在哪些方面合作。

多次接觸到他這種思維方式後，我感到自己真的非常榮幸有機會認識這樣一位優秀的中國經濟學家，更榮幸有機會能向這位經濟學家學習，並且一起合作來推動這項對中國至關重要的議題。

馮達旋
新加坡南洋理工大學高等研究院資深研究員
美國德州大學達拉斯分校前副校長
美國物理學會會士

自序

作為專家學者代表，我受邀參加了 2017 年 5 月 14 日在北京舉行的「一帶一路」國際合作高峰論壇的開幕式，以及當天下午舉行的「政策溝通」平行主題會議。

「一帶一路」國際合作高峰論壇是「一帶一路」倡議自 2013 年年底被提出以來，召開的規模最大、層次最高的一次盛會，全球共有 1,500 名代表參加，包括 30 個國家的元首、政府首腦，超過 130 個國家的部長，以及 60 多個國際組織的負責人。

我在論壇上通過與各國代表的深入交流，尤其是 5 月 14 日下午在「政策溝通」平行主題會議上，與包括聯合國秘書長古特雷斯先生、瑞士聯邦主席洛伊特哈德女士等在內的嘉賓的交流，深深感受到不少外國與會嘉賓對「一帶一路」倡議的瞭解並不深入，部分嘉賓甚至所知甚淺。

縱使在中國，雖然「一帶一路」建設是由中國所倡導的，但仍有眾多人士對「一帶一路」倡議有所誤解，這無疑不利於「一帶一路」的長遠建設。

有鑒於此，作為一位從 2013 年年底就開始研究「一帶一路」的學者，我遂產生了再出一本有關「一帶一路」的書籍，讓全球各界人士進一步瞭解「一帶一路」的想法。

這本新著和我上一本專著《「一帶一路」經濟學》的最大不同之處，是我在新著中新創了「一帶一路」無處不在經濟學理論，通

過該理論向各國人士說明「一帶一路」。這個理論是由美國德州大學達拉斯分校前副校長、新加坡南洋理工大學高等研究院資深研究員馮達旋教授和我共同提出的。我們均認為，「一帶一路」，並不局限於古絲綢之路的理念、範圍，而是富含 21 世紀的時代氣息，尤其與自發的、「有機」的古絲綢之路不同，「一帶一路」建設是由中國倡議的，既對中國的發展、責任提出了新的要求，也為正陷入泥淖的世界經濟開出了一劑良方。而且，「一帶一路」建設不僅是經濟措施，它還超越單一的地緣政治、國際關係或文化交流領域，成為上述所有領域的集合體，只有將這些領域全面納入考慮，創建「一帶一路」理論體系，外界才能更好地理解這個倡議的深刻內涵。

新著得以順利出版，首先需要感謝亨通堂創辦人陸新之先生和西南財經大學出版社，這是我們第四度合作出版書籍，大家的合作一直十分默契、愉快。

其次，要十分感謝馮達旋教授為新著作序。正如馮教授在序中所言，我們雖偶然認識，但卻傾蓋如故。我很榮幸在「一帶一路」的研究歷程中，有這位忘年之交同行，讓原本寂寞的學術研究之路，頓時變得有趣起來。

我更要感謝內子彭琳一直以來的支持和鼓勵，家庭的大小事務一直都由內子操持，讓我無後顧之憂，能夠專心於研究工作和撰寫書稿，若缺少了內子的鼎力協助，這本書或許不能這麼快完成。

最後，希望本書對讀者有益，我對此書的所有缺失、錯誤及不恰當評論負所有責任，讀者如對本書有疑問，可發郵件（archie0706@hotmail. com）與我聯繫。謝謝！

梁海明

目錄

為何說「一帶一路」建設是推動全球經濟繁榮的中國方案？ 001

為何說「一帶一路」建設將不是一種選擇，而是一種必需？ 006

民眾對「一帶一路」有何誤解？ 012

為何說美國參與「一帶一路」建設是非常劃算的？ 015

如何令特朗普對「一帶一路」倡議更加熱情？ 023

美國退出TPP促「一帶一路」建設上位？ 028

「一帶一路」建設錢從哪裡來？ 031

為何說保持人民幣匯率穩定有助於「一帶一路」建設？ 036

亞投行與「一帶一路」建設有何異同？ 039

中國企業進軍海外有何困惑、挑戰和機遇？ 042

當中國企業「走出去」遭遇日本「走出去」將出現哪些挑戰？ 061

巴西是不是中國企業海外投資的首選之一？ 065

澳大利亞能否成為中國企業投資西方的跳板？ 067

投資愛爾蘭新興產業能否成為中國企業「走出去」的下一個風口？

072

中資機構收購巴基斯坦交易所有何玄機？	076
中國企業投資馬來西亞需注意什麼？	081
中國企業「走出去」要面對哪些稅務難題？	085
中國房地產企業積極投身於「一帶一路」建設有何意義？	089
中國西北地區如何把握「一帶一路」建設的機遇？	093
港商參與「一帶一路」建設為何須把握三原則？	096
「一帶一路」建設需要哪些人才？	100
教育合作對「一帶一路」建設有何重要性？	105
引進菲傭是否可增進中菲的合作？	109
「一帶一路」建設下，中國和歐洲的合作為何這麼難？	113
英國脫歐對「一帶一路」建設是壞事嗎？	117
「一帶一路」建設中中國與中亞國家該如何合作？	119
為什麼「一帶一路」沿線國家需要中國發展模式？	122
「一帶一路」建設中會出現什麼文化衝突？	127
怎麼讓沿線國家更懂「一帶一路」？	133
「一帶一路」建設下亞洲金融該如何合作？	137
如何加強監測「一帶一路」沿線國家的金融風險？	142
Pokemon GO 給了「一帶一路」建設哪些啟示？	145
為何說開放訊息數據有助於「一帶一路」建設？	148

推動簽證便利化對「一帶一路」建設有何必要性?　　152

為何說「一帶一路」建設海外傳播需要借助「離岸傳播」?　　155

為何說交互式金融傳播方式有助於「一帶一路」倡議的傳播?　　161

「一帶一路」影視作品有何經濟效益?　　164

為何粵港澳大灣區應打造「一帶一路」中國智谷?　　168

香港是如何抓住「一帶一路」建設機遇的?　　175

華人華僑可為「一帶一路」建設、人民幣國際化做什麼?　　182

「一帶一路」建設需要什麼樣的中國港口?　　185

「一帶一路」國際合作高峰論壇之後的未來發展趨勢是什麼?　　190

為何說「一帶一路」倡議有無處不在的經濟機遇?　　193

附錄　　206

為何說「一帶一路」建設是推動全球經濟繁榮的中國方案？

只要各國在互學互鑒、互利共贏的基礎上，更多地參與「一帶一路」建設，通過中國的發展模式、中國的智慧，以無處不在的經濟合作模式，定能為世界各國的共同發展、共同富裕提供強大的助推力。

在 2017 年 5 月 14 日的「一帶一路」國際合作高峰論壇上，習近平總書記有關要將「一帶一路」建成繁榮之路、要將「一帶一路」建成開放之路等發言，顯示了中國未來將通過「一帶一路」倡議，與沿線國家乃至全球各國互學互鑒、互利共贏、開放包容，以無處不在、遍地開花的經濟合作形式，為全球各國的經濟發展、社會進步提出中國方案、貢獻中國智慧，以此打造人類命運共同體。

習近平在高峰論壇上表示，要將「一帶一路」建成繁榮之路。發展是解決一切問題的總鑰匙。推進「一帶一路」建設，要聚焦發展這個根本性問題，釋放各國發展潛力，實現經濟大融

合、發展大聯動、成果大共享。「一帶一路」建設要以開放為導向，要打造開放型合作平臺，維護和發展開放型世界經濟，共同創造有利於開放發展的環境，推動構建公正、合理、透明的國際經貿投資規則體系，促進生產要素有序流動、資源高效配置、市場深度融合，將「一帶一路」建成開放之路。歡迎各國結合自身國情，積極發展開放型經濟，參與全球治理和公共產品供給，攜手構建廣泛的利益共同體。

習近平上述的講話，令包括筆者在內的現場各國與會人士十分振奮，相信未來隨著「一帶一路」建設的繼續推進，中國有望在「一帶一路」框架下，展開與美國、歐洲等西方國家和地區努力構建不同文明相互理解、互相促進的格局，進行「第三方市場」的合作，共同向全球推出新的移動互聯網、文化產品等新產品、新產業，以引導世界發展潮流，推動全球科技進步和經濟發展。

同時，中國也將向新興國家、發展中國家輸出中國智慧、中國經驗，以基礎設施建設、國際產能合作為「雙核心」，並在文化、金融等領域深入合作，帶動各國經濟、社會發展。

具體而言，中國未來可以在兩個方面與美國合作。一是移動互聯網經濟領域。全球已出現了由移動互聯網、移動支付產業主導的新經濟，在該新經濟領域，美國不再獨佔鰲頭，中國成為其中的領頭羊，中國2015年手機移動互聯網的零售額已高達3,340億美元，是美國市場的3倍多。

不但中國手機移動互聯網市場規模每年將以雙位數增長，而且在「一帶一路」沿線國家，如擁有大約6億人口的東南亞國

家，有超過 2.5 億人使用智能手機，普及率高達 41.7%，並且手機移動互聯網市場發展更為迅速，每年的市場規模高達數百億美元。

在「一帶一路」框架下，美國如能主動尋求與中國在移動互聯網、移動支付產業等領域展開合作，將為美國的經濟找到發展新引擎，更能夠把握住這一「無所不在經濟」所帶來的新機遇，助力美國經濟平穩發展。

二是中美兩國可通過文化分工合作創造新經濟效益。眾所周知，中國有功夫、有熊貓，但美國卻有電影《功夫熊貓》。這說明了銀幕無國界，面對中國 13 多億的人口，面對中國每年 1,650 億元的影視市場，2020 年之後每年高達 5,000 億元的市場，美國若能和中國在文化領域進一步合作，打造更多類似《功夫熊貓》的影視作品，無疑可輕易讓中國民眾產生文化「通感」，輕易地抓住中國蓬勃發展的影視市場，進而通過中國倡導的「一帶一路」建設，將影視作品輸往沿線國家，獲得更高的經濟效益。

而且，中美兩國的文化分工合作及其所產生的經濟效益，很有可能將成為一種成功模式，容易被「一帶一路」沿線國家模仿和借鑑。這將更有利於促進中國與「一帶一路」沿線國家對彼此文化的互相瞭解以及互聯互通，並在這基礎上打造更多文化產品以推動各國的經濟發展。

中國與歐洲國家的「第三方市場合作」，有利於分攤海外投資風險，以及減少中國與歐洲在「一帶一路」沿線國家獨立投資時可能出現的對抗，增加對沖、合作的空間，培育新的經濟增長點。這不但是中國與歐洲國家雙邊合作模式的新突破，也是國際

合作模式新的探索,更有利於助力「一帶一路」的建設和國際產能合作。

對於「第三方市場」而言,他們要發展經濟、轉型升級,也急需來自中國的價格相對較為低廉的產品、中高端製造能力以及來自歐洲的高端技術、先進理念。如果能夠吸引中國和歐洲合力投資,對「第三方市場」而言是更佳選擇,更有利於其經濟發展和社會進步。

在與新興國家、發展中國家的合作方面,在歐美國家為本國經濟發展紛紛「自掃門前雪」的情況下,未來「一帶一路」將為新興國家帶來更多來自中國的投資資金,更多的中國商貿合作項目,這不但能為新興國家的經濟發展提供助力,更能與新興國家一起共同提升新興經濟體在國際經濟體系的影響力和話語權。

對於工業化程度相對不高,製造業產值占國內生產總值比重仍較低的發展中國家而言,中國通過「一帶一路」倡議,在政策、資金、貿易、設施和民心五個領域加強互聯互通,尤其是以基礎設施建設和國際產能合作為抓手,為發展中國家提供技術、資金,會提升其製作技術和工業化水平,推動發展中國家的經濟、文化、社會整體的發展。

對於中國而言,「一帶一路」建設也將為中國發展帶來新機遇。

其一,隨著中國經濟規模不斷擴大,中國正漸漸從一個資本淨輸入大國向資本輸出國轉型。中國提出的「一帶一路」倡議,則是適應了這個發展趨勢,也為推動企業更好、更深地「走出去」提供了重大契機。縱觀世界經濟發展史,當一個國家經濟發

展到了一定規模、程度，資金、人才、技術就會有輸出的需求，而歷史選擇了「一帶一路」，作為中國資金、人才、技術等的輸出口。

其二，隨著中國經濟、產業的逐步發展，中國雖然逐漸形成了一個世界經濟增長極，但是生產要素的邊際回報會隨之出現遞減的現象，從而導致整體成本上升。中國作為世界經濟增長極，如果進一步擴大生產規模，則會出現「規模不經濟」的問題。在這種情況下，「一帶一路」倡議的出現，將中國的產業及生產要素推向沿線國家，可以產生擴散、輻射效應：一方面，可拉動沿線國家的經濟發展；另一方面，沿線國家的經濟增長，又能反過來進一步促進中國的經濟發展，並逐步形成一個上升的循環累積過程。

簡而言之，習近平在「一帶一路」國際合作高峰論壇的講話，不但表達了作為全球第二大經濟體，中國希望更加主動地去瞭解全球的發展趨勢，更加深入地與世界各國進行經濟融合及文化交流，以此瞭解各國人民所需，瞭解世界經濟所求，為全人類的福祉，做出中國應有的、力所能及的貢獻，也顯示了中國已經為世界各國經濟的復甦、發展描繪出偉大的藍圖，推出更加公平、公正、合理的全球經濟治理新方案。

只要各國在互學互鑒、互利共贏的基礎上，更多地參與「一帶一路」建設，通過中國的發展模式、中國的智慧，以無處不在的經濟合作模式，定能為世界各國的共同發展、共同富裕提供強大的助推力。

為何說「一帶一路」建設將不是一種選擇，而是一種必需？

如果未來兩三年內爆發全球金融危機，屆時「一帶一路」建設將不是一種選擇，而是一種必需，人民幣也很可能成為國際避險貨幣。

全球很快將爆發金融危機？2016年10月，筆者在澳大利亞出席國際金融技術分析師協會年會時，與一些參會金融分析師交流，許多人從不同類別投資品走勢的技術分析中，都讀出了波動加劇的意味。對此，筆者認為分析師的看法並非聳人聽聞，其實有一定根據，事實上全球金融市場也開始出現一些徵兆。

根據彭博社的分析，全球金融市場容易「逢七必災」。例如，1987年10月19日當天紐約股市下跌幅度創史上第二大跌幅，香港股市當天也下跌超過10%，兩大國際金融中心爆發小股災。到了1997年，「逢七必災」的情況更嚴重，爆發了亞洲金融危機。到了2007年，美國次貸危機爆發後，引發記憶猶新的全球範圍內的金融海嘯。

那麼，2017年，「逢七必災」的魔咒會否出現？如果出現，將會由哪個國家或者哪個區域引爆呢？對於這一點，不少參加國際金融技術分析師協會年會的金融分析師眾說紛紜，沒有準確答案。

在會上，筆者也表示認同未來兩三年內或將爆發全球金融危機的說法。筆者此前曾在多個公開場合指出，在2008年爆發全球金融危機之後，美國經濟、金融市場立即陷入困境，為挽狂瀾於既倒，美國推出了量化寬鬆政策（QE）。該政策其後引發多國央行跟隨，令全球各地金融系統各方面都高度同質化，這種同質化實際上是擴大了風險的關聯性，從而增大了整體的脆弱性。如果多數金融機構共同的風險假設被證明是錯誤的話，整個金融系統都會受到感染，從而引發新一輪的全球金融危機。

除了上述因素有可能引發下一輪全球金融危機之外，筆者相信至少還有以下幾個因素或將引爆全球金融危機。

其一，歐洲多家銀行接連陷入財務困境，易引爆金融危機。

雖然全球銀行體系看起來較上幾次金融危機時更為健全，但實質未然。近期除了德國最大市值的上市銀行德意志銀行深陷巨額虧損、股價下跌、市值縮水等危機之外，身為歐洲第三大經濟體的義大利，金融業的不良貸款率高達18.1%，不但遠超5.7%的歐元區平均值，而且該國這一比率更是美國的10倍，即使在2008年爆發全球金融危機之時，美國銀行業的不良貸款率也僅有5%。

屋漏偏逢連夜雨，義大利銀行的3,600億歐元不良貸款中，除了2,100億歐元確定打入壞帳之外，近年歐洲央行的負利率政

策，對義大利銀行業的獲利能力也是一次重擊，更加深了其困境。而英國脫歐普遍加重了歐洲銀行的壓力，歐洲央行將把低利率維持更久，以此希望力阻英國脫歐對歐元區的衝擊，這很可能引爆義大利銀行的全面危機，進而容易引發歐洲乃至全球金融危機。

在國際金融技術分析師年會上，歐洲也是大多數分析師感到不確定性和市場波動性最大的地區。

其二，全球債務過度膨脹，存在爆發危機的風險。

國際貨幣基金組織的數字顯示，全球債務水平已亮起了紅燈，截至 2015 年年底，全球債務高達 152 萬億美元，占全球國內生產總值總規模的 225%，其中 1/3 是公共債務，占全球國內生產總值總規模的 85%。加上目前在各國央行只有更寬鬆、沒有最寬鬆的貨幣政策下，全球金融市場充斥了大量廉價資金，觸發全球企業大舉借「便宜錢」。有國際評級機構估計，全球企業債務規模有可能由當前的逾 50 萬億美元增至數年後的 75 萬億美元。

在這種全球槓桿化、泡沫化之下，一旦未來幾年利率回升、經濟持續萎靡不振，將極大增加企業的償債壓力，若屆時企業償債能力出現問題，且銀行收緊信貸，將引發企業破產潮，銀行亦將遭受重擊，隨之引爆全球新一輪金融危機。

其三，大宗商品價格持續低迷，增大了爆發主權債務危機的風險。

大宗商品價格暴跌加劇了大宗商品生產國的財政困難，如原油價格近期雖有回升，但仍是從最高點下跌了約 70%~80%，不少原油出口國出口收入大幅下滑，但財政支出卻難削減，導致財

政赤字愈來愈高。若包括原油價格在內的大宗商品價格持續低迷，容易引爆這些國家的主權債務危機，進而引發金融危機。

而且，大宗商品價格長期低迷，擴大了大宗商品出口國的經常帳戶逆差，而經常帳戶逆差持續擴大，將會對這些國家的貨幣帶來貶值壓力。部分大宗商品出口國的貨幣這兩年來已貶值超過30%，部分貶值接近60%。1997年的亞洲金融危機，正是亞洲貨幣的貶值引發了金融危機，現今如果多國貨幣匯率持續貶值，也將容易引發一場世界範圍內的金融危機。

如果未來兩三年內爆發全球金融危機，筆者認為，屆時「一帶一路」建設將不是一種選擇，而是一種必需，人民幣也很可能成為國際避險貨幣之一。

這是因為，一方面，「一帶一路」倡議的推進，實質有助於擴大全球總需求，促進世界經濟發展，不但是中國與各國雙邊合作模式的新突破，也是國際經濟合作模式的新探索。

若全球金融危機爆發，重創全球經濟，在「一帶一路」框架下，中國提倡的「第三方市場合作」模式，有利於穩定全球經濟。

與中國相比，歐美多國在不少「一帶一路」沿線國家有殖民地時代的歷史淵源，歐美國家對當地瞭解甚深、人脈豐富且有豐富的營運、管理經驗，加上共同開發「第三方市場合作」有利於分攤投資風險，以及減少中國與歐美國家在「一帶一路」沿線國家獨立投資時可能出現的對抗，增加對沖、合作的空間，培育新的經濟增長點。

對於新興國家而言，「一帶一路」建設將為新興國家帶來更

多的投資資金，更多的商貿合作項目。與新興國家共同分享相關商機，不但會為新興國家的經濟發展提供助力，更將共同提升新興經濟體在國際經濟體系的影響力和話語權。對於工業化程度相對不高、製造業產值占國內生產總值比重仍較低的發展中國家，中國通過「一帶一路」倡議，在政策、資金、貿易、設施和民心五個領域與之加強互聯互通，為他們提供技術、資金，從而提升其技術和工業化水平，推動發展中國家經濟、社會的整體發展。

因此，若爆發全球金融危機，「一帶一路」倡議更能彰顯其作為全球經濟促進器、推動器的作用，不但能夠創造出友善的國際環境，也能完善和推動國際經濟治理改革，與世界各國攜手維護及促進世界經濟的穩定。

另一方面，全球若爆發金融危機，人民幣很有可能成為國際避險貨幣。2008年爆發全球金融危機之後，國際市場對美元價值及由美元主導的國際金融體系的質疑聲不絕。美國政府有關「美元是我們的貨幣，卻是你們的麻煩」的做法，令國際市場上有不少聲音希望改變美元擁有「囂張特權」這一國際貨幣秩序。而且，各國也希望避免因採用美元作為主要結算貨幣，而必須承擔匯率波動風險、信用風險、貶值風險，同時避免承受因美國轉嫁金融危機而殃及本國經濟、金融體系等的風險。

但是，由於歐元、英鎊及日元所在區域、國家經濟增長乏力，匯率波動顯著，可供國際社會選擇的國際貨幣並不多，因此，已經正式被納入國際貨幣基金組織SDR（特別提款權）籃子內的人民幣，將成為一種新選擇。

而通過擴大、提高人民幣在國際貨幣體系中的流通範圍和地

位，既可增加安全的國際儲備資產的供應和選擇範圍，降低對美元這一國際主要儲備貨幣的依賴性，又能減少美元匯率波動對國際市場所帶來的衝擊。因此，一旦爆發全球金融危機，有可能更加吸引各國將人民幣作為避險貨幣，從而增持人民幣，甚至還會增大國際大宗商品以人民幣作為標價和結算貨幣的可能性。這無疑將扭轉人民幣近期持續貶值的態勢。

全球若爆發金融危機，會否真如筆者所言，可大幅提升人民幣的國際地位和匯率呢？拭目以待！

民眾對「一帶一路」有何誤解？

民眾只有充分認識、瞭解「一帶一路」理念及其「互聯互通」的核心內涵，才有可能深度融入「一帶一路」建設，從而為未來發展提供新的動力。

雖然媒體常出現與「一帶一路」相關的報導，但其中有不少言論、報導實質是對「一帶一路」倡議的錯誤理解，較為常見的有以下幾個。

其一，認為「一帶一路」沿線國家有65個。「一帶一路」沿線上究竟有多少個國家，中國政府一直沒有明確表示其數量。其中原因：一是全球有逾200個國家和地區，若將其中65個國家歸入「一帶一路」，其他100多個國家被排除在外，無疑會導致出現「『一帶一路』陣營」與「非『一帶一路』陣營」。中國在外交上向來願意多交朋友、深交朋友，自然不會畫地為牢，人為地將全球分成兩個陣營。二是雖然一些國家在地理位置上分佈於「一帶一路」沿線上，但因對「一帶一路」理念並不認同，或處於意識形態上的考慮，較為介意外界將其列為「一帶一路」沿線

國家。三是不少地理上不在「一帶一路」沿線上的國家，卻對「一帶一路」十分熱衷，表達了希望參與其中的意願，中國政府自然不會將其拒於門外。

故此，「一帶一路」沿線國家並非有 65 個，而是所有認同「一帶一路」理念的國家，都可以被稱為「一帶一路」沿線國家。若一定需要以數字來表達「一帶一路」沿線國家的數量，筆者建議使用 65＋。正如中國國家主席習近平 2015 年訪英期間所言，「一帶一路」是開放的，是穿越非洲、環連亞歐的廣闊朋友圈，所有感興趣的國家都可以加入該朋友圈。

其二，認為中國是向「一帶一路」沿線國家輸出過剩產能。中國輸出過剩產能並無出路，亦不可能成功。當前，中國實質向「一帶一路」沿線國家輸出的，主要是高鐵、基建、核電和航天科技等能夠代表中國的最新、最強的優勢、優質產能，如此才有機會擴大中國的國際市場份額，與西方國家開展競爭。

其三，認為所有到「一帶一路」沿線國家投資的項目，均屬於「一帶一路」項目。企業到海外投資的項目若被國家列為「一帶一路」項目，則有機會享受中央政府給予的貸款利率、財政補貼及政策傾斜等優惠。但並不是所有到「一帶一路」沿線國家投資的項目，均屬於「一帶一路」項目。那些到海外投資設廠、收購外國企業、到外國開發房地產等的傳統投資項目，縱使所投資的國家屬於「一帶一路」沿線範圍內，但亦有很大可能不會被認定為「一帶一路」項目。

只有符合「一帶一路」倡議所提出的「五通」（政策溝通、設施聯通、貿易暢通、資金融通、民心相通）的項目，以及有代

表性、可複製、可推廣、有利於推動「一帶一路」建設的精品項目，才有可能被國家有關部門列為「一帶一路」項目，獲得國家的政策扶持。

事實上，民眾對「一帶一路」的誤解還有不少，但限於篇幅，筆者就不再一一講述。民眾只有充分認識、瞭解「一帶一路」理念及其「互聯互通」的核心內涵，才有可能深度融入「一帶一路」建設，從而為未來發展提供新的動力。

為何說美國參與「一帶一路」建設是非常劃算的？

對於美國參與「一帶一路」建設的經濟帳，如果一筆筆算下來，美國不僅不虧，而且還將受益。如果中國政府能夠更加主動地邀請特朗普參與，以及更加詳細地給特朗普及其團隊算清楚參與「一帶一路」建設所帶來的經濟利益，美國未來或會有興趣參與「一帶一路」建設。

特朗普出任美國總統至今，對「一帶一路」倡議的態度仍較為模糊。但如果為特朗普算一筆經濟帳，美國參與「一帶一路」建設，不但有助於解決特朗普念茲在茲的製造業重振、增加就業和大規模基建重建計劃等問題，也可預防日本有可能對美國經濟形成更大制約的「投資計劃」，長遠來看也有利於他的連任。這些進入「一帶一路」朋友圈之後的益處，甚具吸引力，深值特朗普三思。

重振美國製造業是特朗普的首要政策取向。他之所以能夠爆冷一舉拿下俄亥俄州、密歇根州等多個原屬民主黨的選舉人票，

015

原因在於這些內陸州份是美國傳統製造業基地，近年已流失大量工作職位，當地工人遂將選票轉投特朗普以求改變。對此，特朗普只有在未來4年內有效振興美國製造業，才能繼續獲得傳統製造業基地選民的支持，以爭取連任。

但是，特朗普單靠美國一己之力重振製造業及擴大就業說易行難，面臨重重障礙，原因如下：

其一，特朗普重振製造業的舉措之一，是要求在海外的美國企業迴歸，但一廂情願地希望企業迴歸實質是空中樓閣。當前有數據統計，美國製造業時薪平均是20.7美元，中國是3.6美元，墨西哥更低，只有2.5美元，美國企業迴歸後利潤無疑將會下降，擺在美國企業面前的現實問題是，為何要迴歸？

何況，截至2016年年底，美國企業的海外利潤總額已逾2.5萬億美元，包括蘋果、通用在內的眾多美國企業在海外的收入已經遠遠超越其在美國本土的利潤。這些美國企業要有多大的「愛國」情懷，多大的「覺悟」，才能在面對自身利益和國家利益的抉擇時，站在國家利益的那一邊？相信從商多年，也深諳全球投資的特朗普不會心裡沒有底。

其二，特朗普重振製造業的舉措之二，是要向貿易夥伴的產品徵收過境稅，並對部分國家的進口汽車、商品徵收35%甚至45%的關稅，以此逼迫更多企業在美國本土生產、製造產品。

然而，除非在戰爭或重大緊急狀況下，美國總統可以對特定商品實施無上限關稅，否則，特朗普縱使要行使對他國產品實施全面性關稅的權力，也只有最高15%的關稅和最長150天的限制，而且還要面對他國採取的報復性反擊，容易觸發貿易戰。

尤其是隨著製造業分工越來越細，全球化供應鏈也已經進入垂直整合階段，進口內涵（Import Content of Exports）占比居高不下，每個國家愈來愈成為一個產品中間站，而這個產品不同的生產環節已令參與其中的國家關係更為緊密。因此，特朗普若要大幅提高進口產品的關稅，由於進口產品在生產過程中需要進口眾多配件，傳導效應下生產成本將提高，進而令在美國本土生產的產品的價格升高，則產品變得更昂貴後，顯然會推動美國消費者的部分需求轉向其他品牌廠商的產品。

對於製造業企業而言，如果遷回美國本土製造的成本仍然高於關稅的話，則為了抵消關稅的影響，製造業企業會將生產線遷往成本更低的國家，或者轉往沒有遭美國實施高關稅的國家設廠。如此，讓企業迴歸美國生產就變得更加不可能實現了。

其三，特朗普重振製造業的舉措之三，是揚言要失去的職位回流，通過製造業的迴歸，給傳統製造業基地創造大量就業機會。但問題是，美國流失的八成製造業職位，並非是流到外國，而是主要被自動化的設備所取代了。尤其是隨著智能手機、汽車等產品生產的進一步自動化、智能化，就業環境和職位創造的條件也將急速變化，傳統製造業工人無法適應這些變化，導致就業崗位流失。

有數據顯示，美國當前有逾 1,000 萬年齡在 24 歲至 64 歲之間的白人男性要麼難以求職，要麼就是乾脆放棄求職，白人男性工人的勞動參與率僅有 59%，美國女性的勞工參與率更為低迷。這顯示了技術的改革，會令眾多勞動人口無法適應，從而出現失業問題，令勞動參與率下降。

不僅工人不能適應技術的變革，美國不少大型老牌企業也適應不了技術變革，紛紛通過裁員以降低成本，或者通過大幅度改變經營模式以適應科技發展新趨勢。但老牌企業這種「創造性破壞」（Creative Destruction）的方式，所創造的職位並無裁減的多，從而進一步導致崗位的流失。

美國的就業赤字（Jobs Deficit）已達1,200萬人，如果勞動參與率下降、勞動力投入減少持續的話，將給美國經濟帶來衝擊。如諾貝爾經濟學獎得主愛德華·普雷斯科特（Edward Prescott）曾在一篇論文中指出，在商業週期中，勞動力投入若減少3%，可引發經濟衰退，並容易導致出現死亡螺旋。因出現經濟衰退，政府的稅收將會逐步減少，而稅收愈少，政府投資則相應下降，反過來又導致經濟的進一步衰退，就業崗位也隨之越來越少。

綜上所述，特朗普要重振製造業，無論是要求在海外的美國企業迴歸，還是向貿易夥伴徵收高關稅，或者是希望增加就業職位，暫時來看都更像是他的童話經濟（Goldilocks Economy）。就目前的情況而言，「童話裡都是騙人的」，特朗普未必能成為美國製造業及工人的救世主。

特朗普如果不希望重振製造業淪為一句政治口號的話，或許可尋求與中國在「一帶一路」框架下進行合作。

一方面，這一做法可吸引來自中國的資金，增加在美國的製造業投資，或者在美國本土開設工廠，再將在美國製造的產品出口至世界各地。這將有助於重振美國的製造業和增加就業。另一方面，隨著多年的經濟快速發展，中國經濟已進入消費和服務型

階段，成為全球最大的採購源頭，如果特朗普能夠與中國在「一帶一路」框架下展開合作，加強在政策、貿易、資金等領域的互聯互通，無疑有助於增加美國製造業產品對中國的出口，以此推動美國製造業的發展。

而且，在製造業領域，美國如今已缺乏完備的上下游產業鏈，且多數零件需從國外進口，加上美國生產成本較高，眾多產品價格競爭力相對不足，正好可與上下游產業鏈完備、生產成本較低的中國形成互補。「一帶一路」共商、共建和共享的內涵，不但不會損害美國的發展，反而更有利於美國的製造業重整和經濟發展。

在大規模基礎設施重建方面，特朗普拋出1萬億美元的基礎設施重建計劃，希望以此提振實體經濟。且不論這些基礎設施重建計劃當中涉及複雜的稅收改革、遭遇國會政治阻力等問題，僅是如何重建，以及1萬億美元從何處來，已經成為特朗普基建計劃的兩大「攔路虎」。

這是因為，在基建方面，美國的科技、工業基礎包括人口結構等資源，均難以支撐其單獨完成基礎設施重建大計。不過，美國的這塊短板，正好是中國的長板。中國的基建技術、工程能力、工業和價格結構不僅能與美國的匹配和互補，而且中國與「一帶一路」沿線國家的合作，往往是從基建合作開始的，累積了豐富的海外基建工程經驗。如果中、美兩國在「一帶一路」框架下進行基建合作，對兩國而言都將達到「雙贏」。

那1萬億美元從何處來？如今美國的債務高達20萬億美元，相等於美國國內生產總值的106%，美國國債到了2027年最少會

增加到 30 萬億美元，相當於每年增加 1 萬億美元的國債。如果特朗普希望通過加大發債力度來解決 1 萬億美元從何處來的問題，那麼，作為美國國債第二大債權國，持債總額逾 1 萬億美元的中國，對美債的態度就非常關鍵。如果中國屆時不願增持美債，甚至是拋售美債，不但特朗普再融資壓力會增加，而且將導致美國國債的收益率上升。由於美國 10 年期國債收益率是美國銀行放貸參考的基準利率，收益率越高，貸款利率也越高，這將加重美國企業和消費者的借貸成本。

作為一個從事地產行業數十年的開發商，特朗普應該非常瞭解無論是基建還是房地產開發，均非常依賴投資資金及銀行貸款等資本的投放力度。如果中、美通過「一帶一路」倡議展開合作，借助中國的資源，或許可以解決美國基礎設施重建的融資問題。

在地球的另一邊，日本首相安倍晉三正準備動用規模高達 1.25 萬億美元的養老投資基金，大舉投資美國的基建、新興產業、人工智能技術和國防工業等領域，以提升美國的經濟與擴大就業。日本此舉，一方面估計是希望借助美國市場、美國的技術，重塑日本製造業的榮光；另一方面，20 世紀 80 年代「買下美國」的願望已經重燃，日本通過「買下美國」，將可達到制約美國及向全球擴張的目的。

當年面對日本「買下美國」的舉動，美國通過「廣場協議」向日本反擊。如今日本資金再次雄心勃勃重臨，急需外國資金投資的特朗普，又該如何應對日本又將「買下美國」的舉措呢？按美國如今每況愈下的實力，還有沒有可能讓日本再簽一份「廣場

協議」呢？這讓人生疑。

從這個角度來看，如果美國參與「一帶一路」建設，引入包括中國在內的「一帶一路」沿線國家的投資資金，讓投資美國的資金更多元化，投資美國的產業更分散化，或許可以對沖日本過多「買下美國」所帶來的制約。

此外，美國參與「一帶一路」建設，展開「第三方市場合作」，有助於為美國製造業開拓新市場，以此帶動美國經濟和就業率的增長。與中國相比，美國在不少「一帶一路」沿線國家都有歷史淵源，對當地瞭解甚深、人脈豐富且有豐富的營運、管理經驗，加上共同開發「第三方市場合作」有利於分攤投資風險，減少中國與美國在「一帶一路」沿線國家獨立投資時可能出現的對抗，增加合作的空間，從而培育新的經濟增長點。而「第三方市場」要發展經濟、轉型升級，也需要來自中國的價格相對較為低廉的產品和中高端製造能力，以及來自美國的高端技術和先進理念。

對此，美國若願意與中國在「第三方市場」進行優勢互補，進行聯合投標、聯合生產以及聯合投資等新型合作，在尊重第三方國家意願的前提下，推動第三方國家的發展，很有可能會實現三方互利共贏。

雖然有先哲曾表示，政治學有經濟學所理解不了的動機。然而，所有政治都是家門口的事（All Politics Is Local），對於特朗普而言，其「家門口的事」，是要美國企業回美生產以創造就業，是要美國經濟增速達到4%的目標，是要兌現競選承諾以爭取連任。而且，大型地產商善於緊抓市場的脈搏，不與市場、大勢對

抗，而是精準地把握市場的需求，因此才能「低買高賣」獲取巨額利潤。特朗普作為一名老地產人，哪些是市場喜歡的，哪些是市場不愛的，相信他並不難捕捉到市場的風向。

　　因此，對於美國參與「一帶一路」建設的經濟帳，如果一筆筆算下來，美國不僅不虧，而且還將受益。如果中國政府能夠更加主動地邀請特朗普參與，以及更加詳細地給特朗普及其團隊算清楚參與「一帶一路」建設所帶來的經濟利益，我對特朗普未來將參與「一帶一路」建設，至少是有選擇性地參與比較樂觀，至於結果是否真如我所料，拭目以待！

如何令特朗普對「一帶一路」倡議更加熱情？

如果「一帶一路」倡議只有文化+經濟，對特朗普政府而言，只是一種選擇。如果「一帶一路」倡議除了文化、經濟，還有金融，那對特朗普政府來說，可能是一種必需。

各界人士都很關注，除了基建項目之外，中國政府還該拋出什麼「橄欖枝」，才能令特朗普對中國的「一帶一路」倡議、亞投行更加熱情，乃至展開合作呢？我認為，可以考慮在以下的領域發力。

我比較認可有中國學者提出的「一帶一路」倡議需要文化經濟學的概念。我在 2016 年年初出版的《「一帶一路」經濟學》一書中已提出，「一帶一路」倡議需要文化+經濟結合的產品，才能給世界各國帶來新公共產品的需求。

這是因為「一帶一路」倡議若僅是經濟事件，恐因缺乏文化內涵而難以獲得沿線國家的文化認同，不能產生持久力；若僅是文化理念，則不能給各國帶來實實在在的經濟好處。而且，縱觀

在全球合作中地位吃重的歐美國家，他們給世界各國提供的公共產品和服務，正是文化+經濟的結合體。

以歐洲為例，我以往多次指出，總結歐洲給各國提供的三種主要的公共產品和服務，可簡稱為「三名」。一是名車，背後是歐洲工業4.0的高端製造業文化，以德國、法國為代表。二是名表，背後是歐洲精細的製作工藝文化，以瑞士為代表。三是名牌服裝，背後是時尚、潮流文化，以義大利、法國為代表。

至於美國，則提供了「三片」的公共產品和服務。一是薯片，無論是麥當勞還是肯德基，背後都是美國的快餐文化。二是好萊塢影片，背後宣揚的是美國的文化價值觀。三是計算機、手機芯片，背後代表的是美國的創新文化。

無論是歐洲的「三名」，還是美國的「三片」，都引導了世界潮流，推動了全球科技的進步，其中衍生出各種與「三名」「三片」相關的產業，既推動了歐美自身的經濟發展，又推動了世界各國的經濟發展和社會進步。

對此，「一帶一路」倡議，既要有產品，能夠產生經濟效益，又要有文化，能夠產生影響力。這樣的公共產品，才有真正的影響力，才能帶動沿線國家的經濟發展和社會進步，以此獲得各國的認可。

但是，如果「一帶一路」倡議僅是提供文化+經濟的公共產品和服務，雖然並非是要顛覆既有的以美國為主導的國際秩序，而是對國際現有的秩序、發展路徑和方式提出補充和完善，但是，在客觀上一方面可能會對歐美國家，尤其是美國現今的公共產品帶來競爭；另一方面，對深具商人特性，對成本收益、對如

何獲取更大利益感興趣的特朗普而言，這些公共產品和服務的吸引力還不夠大。

如果希望特朗普對待中國的「一帶一路」倡議「更加熱情」，我認為「一帶一路」倡議除了文化+經濟之外，還需要再加上金融領域的互聯互通，以此提高包括特朗普在內的各國對「一帶一路」倡議的熱情和興趣。

我曾在多個公開場合提出，隨著全球各國金融系統趨於互聯互通，「金融語言」已逐漸成為國際共同的語言，各國民眾對企業上市以及股價、股市的波動等的共同的體驗，已產生了具有廣泛認同性的「通感」。在這種「通感」面前，不同的語言、風俗、民族和國籍都不再是障礙。

加強「一帶一路」在金融領域上的互聯互通，有助於各國加快認可和接受「一帶一路」倡議。雖然不少讀者會認為金融比較「離地」，但若設計得當，金融也可「落地」。「落地」的措施有兩個：一是推動更多中國上市公司「走出去」，二是推動成立「一帶一路」融資平臺。

在推動更多中國上市公司「走出去」方面，中國政府可先引導、推動已在金融市場上市的企業，尤其是民營企業「走出去」，這些上市公司要啓動投資，相當大一部分投資資金會在金融市場，尤其是在國際金融市場籌集。更多國際投資者的參與，一方面，企業所投資的項目增加了國際持份者，有利於減輕投資風險；另一方面，中國上市公司可產生雁行效應，為歐美的養老基金、中東的主權基金帶來新的投資路徑。再者，外國投資者若參與投資了這些「一帶一路」項目，若不想投資虧損，料會想方設

法為「一帶一路」建設保駕護航，減少「一帶一路」建設的阻力。

在推動成立「一帶一路」融資平臺方面，可以利用目前自貿區等地區先行先試，推動成立一個獨立於內地股市的「一帶一路」融資平臺。如果能夠吸引「一帶一路」沿線國家的大企業到中國新設的「一帶一路」融資平臺上來，一方面固然是資金融通的體現，另一方面，又可促進人民幣的國際化。畢竟，沿線國家的企業過來上市，籌集的資金是人民幣，更多國家持有人民幣，有利於人民幣的國際化。

更重要的是，能夠前往中國「一帶一路」融資平臺集資的外國企業，都是沿線國家的大企業，主導或部分主導其所在國家產業的發展趨勢。對於平臺上的投資者而言，他們每年、每個季度都必須發表業績報告以及未來發展方向和準備推進的業務的報告，中國企業通過這些報告，可以分析出一些沿線國家的真正所需，這是有助於中國進行國際產能合作以及國際產業分工的一個途徑。而對於中國民眾而言，現在中國企業、民眾手上資金十分充裕，但卻沒有更好的投資渠道，「一帶一路」融資平臺的設計，可給他們帶來一個投資於「一帶一路」沿線國家企業的新渠道。

如果希望美國未來參與「一帶一路」建設、亞投行，上述兩點的金融領域合作很可能是一個突破口。儘管特朗普與華爾街財團支持的希拉里理念並不相同，但作為一個地產開發商，他多年來投資、融資經驗豐富，與金融機構打交道頻繁，對金融市場的邏輯和語言同樣非常熟悉。若「一帶一路」建設在金融領域發力，會更容易找到特朗普的興奮點，在這種金融「通感」下，相

信特朗普能迅速瞭解「一帶一路」建設的利益所在，與其眼見利益旁落他國，不如自己也參與分一杯羹。

在金融領域，另一個可能是特朗普癢點的地方，是國際新金融規則的制定和完善。互聯網迅速發展衍生出金融科技，帶來了新的金融產品，綠色金融的發展也成大勢所趨。面對金融業的新情況、新的交易模式和市場遊戲規則，目前全球金融治理未能與時俱進，大多仍糾纏於傳統的金融市場和產品，未來，金融體系的國際協作必不可少。當前，中國在金融科技及綠色金融領域已走在前列，美國若拋開中國制定和完善國際新金融規則並不太實際，與其拋開中國，不如和中國一起相互合作、協調，在金融監管制度、監管框架、法律框架等方面加強對金融科技、綠色金融等的監管、引導，使之滿足促進全球金融發展、完善治理的新需要，這也是美國利益得到滿足的一個體現，相信精於利益計算的特朗普不會錯過。

因此，如果「一帶一路」倡議只有文化+經濟，對特朗普政府而言，只是一種選擇。如果「一帶一路」倡議除了文化、經濟，還有金融，那對特朗普政府來說，可能是一種必需。「一帶一路」的文化+經濟+金融，會產生一個強大的誘因，促使特朗普政府對「一帶一路」倡議更有熱情，未來或會增加對「一帶一路」合作的興趣。結果是否真如我所料，特朗普會與中國在「一帶一路」建設上展開合作？拭目以待！

美國退出 TPP 促「一帶一路」建設上位？

為了自身的發展，世界各國未來會愈來愈將「一帶一路」倡議視作一種必需，「一帶一路」未來也將由中國提出的一個倡議，逐漸成為聯合國成員國認可、支持和共同推動的一個全球性公共產品。

美國總統特朗普通過視頻闡述了他上任 100 天的執政計劃。他在視頻中表示，將會在上任的第一天，發布總統行政令，退出《跨太平洋夥伴關係協定》（TPP）。筆者認為，特朗普此舉將間接促使「一帶一路」建設不再是世界各國的選擇，而將成為世界的一種必需。「一帶一路」建設未來也將為世界各國的經濟發展和社會進步提供更多的公共產品。

美國退出 TPP，這是意料中之事，早在特朗普競選美國總統期間，已有談及退出一事，如今他兌現競選諾言，未來將更加勤修美國「內功」。美國退出 TPP 之後，將為國際社會留出一個「空檔」，還有什麼世界性的規劃，可以有效推進國際經濟合

作呢？

筆者相信各國會把目光聚焦在中國倡導的「一帶一路」建設上，當中至少有如下幾個原因：

其一，「一帶一路」建設有助於提振全球經濟。

對於發達國家而言，雖然美國經濟已復甦，但歐洲、日本等經濟體經濟欲振乏力，且在美國愈來愈傾向於「自掃門前雪」的趨勢下，發達經濟體急需作為世界第二大經濟體的中國提供引導各國經濟發展的方向。

對於新興國家、發展中國家而言，由於自身經濟結構單一，產業結構仍較落後，對外資需求依賴甚高和國內政治紛爭不斷等問題錯綜難解，不但衝擊了經濟的正常運行，更浮現爆發危機的苗頭。非洲各國及廣大發展中國家，如何消除貧窮，提高工業化程度，以及保證其經濟自主、可持續發展，需要有一套新的發展模式。

面對上述新情況，全球急需新的治理架構。中國「一帶一路」倡議的推進，有助於擴大全球總需求，促進世界經濟發展，不僅是中國與各國雙邊合作模式的新突破，也是國際經濟合作模式的新探索。

其二，「一帶一路」建設未來可為各國發展提供更多的公共產品。

聯合國開發計劃署已與中國國家發改委共同簽署了共建「一帶一路」諒解備忘錄。作為首個與中國政府簽訂實施「一帶一路」倡議合作協議的國際機構，聯合國開發計劃署長期立足於全球177個國家和地區，幫助推動這些國家和地區的可持續發展。

這進一步顯示「一帶一路」建設的範圍不局限於 65 個國家，而是在全球範圍內擁有更加廣闊的施展空間。

當「一帶一路」建設遇上聯合國，意味著「一帶一路」建設未來不僅局限在經濟和市場方面，給各國提供實實在在的好處，而且還要推出全球性的公共產品，幫助各國實現共同福祉。相信未來中國政府在「一帶一路」框架下，將在扶貧、教育、救災、衛生保健或人道主義救援等領域，與聯合國一起向全球提供更多的公共產品。這不僅會給各國的社會穩定、經濟發展帶來實實在在的幫助，也有助於各國民眾更加願意選擇在「一帶一路」框架下與中國展開合作，共同推進「一帶一路」建設。

簡而言之，為了自身的發展，世界各國未來會愈來愈將「一帶一路」倡議視作一種必需，「一帶一路」未來也將由中國提出的一個倡議，逐漸成為聯合國成員國認可、支持和共同推動的一個全球性公共產品。

「一帶一路」建設錢從哪裡來？

「一帶一路」建設要創新國際融資模式，要花他人的錢，干自己的事，除了主權基金外，還有一個值得考慮的資金來源是「僑民融資」。

「一帶一路」國際合作高峰論壇於 2017 年 5 月 14 日在北京舉行。國家主席習近平曾就「一帶一路」建設提出八項要求，其中一項要求是要切實推進金融創新，創新國際化的融資模式，深化金融領域合作，打造多層次金融平臺，建立服務「一帶一路」建設長期、穩定、可持續、風險可控的金融保障體系。對此，「一帶一路」國際合作高峰論壇的參會嘉賓或可探討如何借助西方、中東的養老基金、主權基金以及「僑民融資」，為「一帶一路」建設服務。

這一思路有兩方面意義，第一是借鑑他們投資以及規避風險的經驗，如何減少在「一帶一路」沿線國家投資的風險；第二是如何把這些資金引入「一帶一路」建設，創新國際化的融資模式。

如何規避、減少投資風險，這方面做得比較好的是加拿大養老基金投資公司。作為典型的長期機構投資者，加拿大養老基金投資公司的投資較為多元化，既包括房地產、基礎設施，也包括私募股權、公開市場以及基金、信貸業務。例如投資中國市場，既投資阿里巴巴，也和龍湖地產一起投資開發房地產，投資領域很廣、跨度很大，但基本上都收益甚佳。

加拿大養老基金投資公司在進行風險投資的同時，還可以保障足夠的投資收益，這點讓人比較佩服。我的總結是，加拿大養老基金投資公司的投行意識較強，投資快、準、狠，而且風險控製得非常好。

數據會說話。加拿大養老基金投資公司過去5年的名義年化收益率為12%，過去10年的名義年化收益率為7.3%，10年期年化淨實際收益率為4.8%。當前，該基金公司旗下的資產有一半是來自投資收益而非繳費。

這點值得中國在成立投資基金的時候去思考一下：在投資「一帶一路」項目的時候，要不要借鑑投行的投資手法，建立強大的風控部門，要不要從華爾街、倫敦金融城去邀請人才，還是從本土尋找。這些問題都值得探討。

對於如何把這些資金引入「一帶一路」建設，尤其是如何引入主權基金參與投資「一帶一路」項目，則可以考慮在金融領域進行「第三方市場」的合作。

目前，全球有超過50個國家和地區成立了主權基金，總金額超過6萬億美元，其規模已經超過了世界第三大經濟體日本一年的國內生產總值，接近全球股市10%的市值。規模較大的主權基

金主要誕生於北歐、中東和亞洲地區。

由於主權基金是以幫國家創富為主要目的，因此其投資操作大多委託外部機構投資公司進行，並且對這些投資公司的要求是不問過程，不問手段，只問結果，要能賺錢而且要賺大錢。例如，中東主權基金多數是委託來自花旗銀行、摩根大通等的美國操盤手或來自倫敦的金融專家代為操作。操盤手、金融專家要想獲得高報酬，就必須保證中東主權基金的超高收益率。如果主權基金的績效劣於市場整體表現，他們就會毫不留情地被淘汰。這造就了操盤手們進取的投資風格。

由於熟稔英、美國家的資本市場，英、美的操盤手們過去通常在這些資本市場上進行廝殺。隨著歐美經濟增長緩慢甚至停滯，過去兩年以來，他們已經把目標轉向亞洲國家，尤其對「一帶一路」項目感興趣。

雖然一國的主權基金交由外籍投資兵團操作，但是管理權仍抓在該國政府手中。政府經常要求、引導外籍投資兵團協助購買他國的電信、能源、媒體和銀行等關鍵企業進行策略投資，並部分控股這些關鍵企業。

對於他們的這種投資行為，「一帶一路」沿線國家的政府可能會有所顧慮，但如果加上中國元素，尤其是加上「一帶一路」元素，能否吸引、引導這些主權基金參與「一帶一路」項目建設，在金融領域展開「第三方市場」合作呢？

「一帶一路」建設要創新國際融資模式，要花他人的錢，干自己的事，除了主權基金外，還有一個值得考慮的資金來源是「僑民融資」。所謂的僑民融資，是指在海外工作的本國人，寄回

給家人或朋友的僑匯和儲蓄。全世界有2.3億移民，比世界第五大人口國巴西的人口還多，有統計顯示，他們每年能賺取2.6萬億美元，比英國的國內生產總值還多。

有報導稱，這筆收入中的很大一部分，是在東道國被課稅和消費掉了。但是，假設儲蓄率只有20%，那麼每年的僑民儲蓄也超過了5,000億美元。2013年，全球發展中國家的移民，向母國匯了4,040億美元，這個數據還不包括通過非正式渠道匯入的款項。其中印度得到700億美元，比該國資訊技術服務出口總值還高。流入埃及的僑匯超過了蘇伊士運河的收入，塔吉克斯坦的僑匯收入占國民收入的1/3以上。

目前，中國「一帶一路」建設面對的機遇是，如何高效地讓這筆收入流動起來，一方面可以讓僑民獲得更多的收入，另一方面又可以把這筆每年超過5,000億美元的龐大的資金充分利用起來。例如，將這筆資金用在「一帶一路」項目建設上，因為眾多僑民的國家，就在「一帶一路」沿線上。

中國相關部門或可考慮設計一個方案，將這些僑民的錢債券化、證券化。例如，可開發出利率為3%或4%的證券商品（售價最低為1,000美元），這些錢將主要用於「一帶一路」項目建設。這將對僑民應該很有吸引力，畢竟，錢如果放在銀行裡，利息不會有3%~4%，而且這些錢又可以用來給沿線國家做投資，這相當於錢是用在他們國家的建設上，可謂一舉多得。

另外，還可以針對機構投資者，開發出5年期、10年期的僑民債券，以比主權債券更低的利率，發售給外國機構投資者，這種債券也會讓發展中國家的僑民的外幣存款更穩定。這樣，就能

夠以較低的成本將大量資金利用起來用於發展建設。

　　如果把這些僑民的錢用於「一帶一路」建設，將更大程度地吸引世界各國民眾瞭解、認識及參與「一帶一路」建設。如果把這些資金充分利用起來，中國或許能夠在這個新領域上擁有國際話語權，可以制定遊戲規則。當然，這也符合習近平主席提出的對「一帶一路」建設金融層面的要求，即創新國際化的融資模式，深化金融領域合作，打造多層次金融平臺，建立服務「一帶一路」建設長期、穩定、可持續、風險可控的金融保障體系。

為何說保持人民幣匯率穩定有助於
「一帶一路」建設？

中國政府如果能夠穩住人民幣匯率，或者讓人民幣緩慢升值，則可以向國際社會展示中國作為負責任的大國的形象，為推行「一帶一路」建設掃除眾多障礙，消減沿線國家諸多顧慮。

2016年開始，亞洲地區股市、匯市動盪，人民幣等非美貨幣再次面臨壓力，人民幣匯率走勢成為市場的熱點話題。在「一帶一路」框架下，保持人民幣匯率穩定，既是國內需要，也是國際需求。

亞洲地區匯市、股市動盪，應該是國際炒家落井下石，而不是有組織的大規模襲擊。目前美國已宣布加息，過去幾年湧進亞洲地區的熱錢開始逐步撤離。此外，國際油價急遽下跌影響著中東經濟，中東的主權基金也開始「班資回朝」，把資金搬回中東救急。國際炒家趁機對中國釋放悲觀論調，製造恐怖氣氛，想在「兵荒馬亂」之際，大力做空亞洲地區的貨幣、股市，好在撤離亞洲地區前再狠刮一筆。

在「一帶一路」背景下，中國應該如何應對？我認為，一是動嘴，二是動手。動嘴部分相對比較簡單：一方面，中國人民銀行、外交部等部門，可以參照香港的金融管理局，嚴肅表態，讓國際炒家心裡有顧忌，不敢太囂張；另一方面，有關金融機構要主動作為，安撫周邊國家和地區，穩定信心。周邊國家普遍面臨差錢的問題，不被歐美國家看好。此時，亞洲基礎設施投資銀行、絲路基金、亞洲金融合作協會，可以充分表達我們看好周邊國家，願同周邊國家一道共謀穩定、共創繁榮的誠意。

動手部分就有些複雜，甚至需要中國付出一些代價，最關鍵的是要維護人民幣匯率穩定，其他如維護 A 股市場穩定、經濟穩步發展等也很重要，但目前並無很大的緊迫性。這是因為人民幣大幅貶值或持續貶值，並不符合中國的利益。一國的貨幣匯率，猶如一家上市公司的股票，人民幣貶值幅度越大，意味中國的經濟越差，資金撤離中國的情況越嚴重，隨之中國這個池子就缺少活水了。

1998 年亞洲爆發金融危機時，很多亞洲國家，包括當時的世界第二大經濟體日本，都先後主動把本國的貨幣貶值，以達到增加出口、推動經濟增長的目的，但當時的中國政府卻堅持穩住人民幣匯率，沒有主動讓人民幣貶值，以此來減輕亞洲國家所承受的壓力，此舉贏得了亞洲國家乃至世界多數國家的認同和尊重。

如今中國的經濟實力已比 1998 年更加強大，而且當前國際金融形勢並無馬上爆發危機的趨勢。因此，中國政府如果能夠穩住人民幣匯率，或者讓人民幣緩慢升值，則可以向國際社會展示中國作為負責任的大國的形象，為推行「一帶一路」建設掃除眾多

障礙，消減沿線國家諸多顧慮。

此外，人民幣如果大幅貶值，也會影響國際產能合作。如果各國貨幣競相貶值，實質上等同於輸出衰退，那麼各國屆時為抵禦外來衰退，將實施貿易保護主義以求自保。造成20世紀30年代全球經濟大蕭條的最主要原因之一，就是當時貿易保護主義盛行，最終引發全球經濟危機。在此前車之鑒下，作為世界第二大經濟體的中國，如果人民幣大幅貶值或持續貶值，容易帶來引發另一場全球經濟蕭條的風險，進而影響國際產能合作，周邊國家也會對中國有怨言，增加「一帶一路」建設實施的難度。

雖然錦上添花是需要的，但是雪中送炭更能體現中國作為負責任的大國的形象。在目前這種情況下，保持人民幣匯率穩定，既是國內需要，也是國際需求，同時有利於我們推動「一帶一路」建設，顯示我們願與各國在各個領域互聯互通、成為命運共同體的誠意。

亞投行與「一帶一路」建設有何異同？

亞投行（亞洲基礎設施投資銀行，以下簡稱亞投行）的設立，相當於中國在全球擺放了一個支點，而「一帶一路」建設，則是中國在該支點上，架起了一根連接東西方的槓桿。

不少民眾認為亞投行是從屬於「一帶一路」建設的下屬機構，亞投行的設立，是服務於「一帶一路」建設的。這種看法並不大正確，實際上，亞投行不是專門為「一帶一路」建設而設立的，亞投行與「一帶一路」建設的關係，是對等的、平行的，是互相助力而非從屬關係。

一方面，亞投行的服務範圍並不局限於「一帶一路」沿線國家。雖然亞投行的全稱是「亞洲基礎設施投資銀行」，但隨著英國、澳大利亞、巴西等國的加入，亞投行並不僅僅是「亞洲」的銀行，而會是亞洲、大洋洲、南美洲等的銀行。

隨著亞投行成員的不斷擴充，亞投行的投資項目已超越「一帶一路」沿線國家範疇。亞投行未來既支持「一帶一路」沿線國

家的項目建設，也將為全球和區域範圍內的基礎設施建設提供融資支持，服務範圍遠大於「一帶一路」沿線國家的範圍。

另一方面，亞投行的發展定位和絲路基金並不一樣。作為以中國外匯儲備為啓動資金來源的開放性政府多邊合作基金，絲路基金建立的目標，主要是實現「一帶一路」倡議的互聯互通建設，其投資方向為「一帶一路」沿線國家的跨境基礎設施建設項目。絲路基金由中國出資，未來投資方向也由中國主導。

亞投行是由中國積極倡議和推動的，目前已有眾多國家參與進來。亞投行將在倫敦、紐約、法蘭克福等國際和地區金融中心設立分行，主要負責拓展海外融資。而且，根據以國內生產總值為基本依據的股權分配模式，在未來亞投行的具體決策、管理營運階段，作為亞投行最大的股東，中國將堅持「共商、共建、共享」原則，不會形成「一家獨大」的局面，亞投行的中國色彩也不會太過濃厚。

亞投行的定位與「一帶一路」建設各有側重。亞投行未來奉行的是開放的區域主義，將努力打造成為「21世紀新型多邊開發銀行」，既推動現有國際經濟治理體系改革，又將尋求與世界銀行、亞洲開發銀行和歐洲復興開發銀行的深度合作、優勢互補。亞投行將以其優勢和特色給現有多邊體系增添新活力，促進多邊機構共同發展，以此發展成為一個精干、廉潔、綠色、可持續和具有21世紀先進治理理念的新型多邊金融機構，一個互利共贏、專業高效的基礎設施投融資平臺。

「一帶一路」建設的定位，則是通過政策、資金、貿易、基建和民心的互聯互通，促使相關地區與中國形成一個緊密、高效

的經濟共同體，以此達到合作共贏、共同發展的目的。對此，亞投行未來的使命和發展方向，和「一帶一路」建設的定位互有側重，二者並不存在隸屬關係。

簡而言之，亞投行的設立，相當於中國在全球擺放了一個支點，而「一帶一路」建設，則是中國在該支點上，架起了一根連接東西方的槓桿。無論是地方政府，還是企業和民眾，只有清楚地認識到亞投行與「一帶一路」建設的異同之處，才能更好地通過二者各自的定位和優勢來發展、提升自己。

中國企業進軍海外有何困惑、挑戰和機遇？

中國企業到海外投資，如果只是把原本在國內的產品、服務轉移到海外並不斷複製，將很難取得成功。

歷史上，中國企業手上從來沒有過像今天這樣多的現金，當前全中國企業擁有的現金超過 1.2 萬億美元。這種新聞在民眾的耳中可能是音樂，但在不少中國企業的耳中卻是警鐘，現金大量囤積意味著缺乏投資目標，找不到花錢的理由。

在這個不再拼四處「搶錢」，而是拼四處砸錢的時代，不少企業甚至已經陷入想砸錢卻無處可砸的困境。在中國國內，隨著中國政府的去產能、調結構政策的加緊落實，加上產能過剩導致 PPI（工業品出廠價格指數）持續下滑，投資回報率隨之下調，同時人力、環保和資金等成本仍然高漲，導致企業投資意願低迷。

對此，不少中國企業把投資目標對準海外市場，尤其是在「一帶一路」倡議背景下，中國政府積極推動國際產能合作，大

力鼓勵企業向「一帶一路」沿線國家進行產業轉移和資本輸出。當前，雖然中國企業「走出去」熱情高漲，但我在調研中發現，眾多企業仍面臨著到海外市場投資什麼、如何佈局、該採取什麼投資策略等疑惑。

中國企業到海外投資應該投什麼，海外到底哪些項目、哪些領域有前景、值得投？這是我經常被企業負責人詢問的問題。我認為，要消除這一疑惑，企業至少需要把握好兩點：一是國際經濟的大趨勢，二是國際市場的新需求。

國際經濟大趨勢方面，在過去全球金融危機的歷史中，危機在發達國家的平均持續期為 7 年以上，而在新興國家、發展中國家則平均為 10 年以上。照此推算，2008 年全球金融危機之後，2015—2018 年很可能是發達國家逐漸走出危機，但新興國家、發展中國家仍在危機中的錯配時期。在該時期內，發達國家的通貨緊縮問題逐漸得到緩解，外需增強，而新興國家、發展中國家的通貨緊縮問題仍陷困境，外需繼續不振。由於現今的新興國家對全球經濟增長的貢獻已大於發達國家，這也將導致全球的經濟增長水平較低。當前，大多數國家的產能都已過剩，各國整體的對外需求也較難有普遍上漲的動力。

在這一國際經濟的大趨勢下，除了環保、高科技、優質教育、體育和健康等產業的需求仍旺盛外，市場對多數傳統產業的需求欲振乏力。中國企業到海外投資，如果只是把原來在國內的產品、服務轉移到海外並不斷複製，將很難取得成功，而需要去捕捉國際市場的新需求。企業只有找到新需求，才能瞭解哪些產品、哪些領域和哪些產業更有前景，值得投資。

如今，國際市場新的需求方向，已逐漸由「擁有」轉變為「感受」。對不少「一帶一路」沿線國家，尤其是中東、歐洲國家的很多民眾而言，吃穿用度樣樣不缺，他們更樂意花錢買「體驗」。有研究報告指出，民眾這些「不在乎天長地久，只在乎曾經擁有」的追求，每年可創造約2萬億美元的市場需求。

不少沿線國家的民眾之所以更熱衷於這種「體驗」式消費，至少有以下兩個原因：一是在很多富裕國家的民眾，已過了追求名車、遊艇、飛機和奢侈品等物質需求的階段，隨著時間的推移，這些高端消費者會從累積物質產品轉向購買新的體驗。並且隨著人口結構的調整，一些國家逐漸步入老齡化社會，民眾對購買、擁有消費品的需求減少，而會更傾向於體驗式消費。二是隨著時代的變遷，不少國家的民眾尤其是年輕消費者，往往更追求自己的成就和經歷，而不是擁有的商品，如驚險的野外之旅、五星級減肥診所、藝術品拍賣、獨特的餐飲美食、豪華私人航班等體驗式消費，才符合這些民眾越來越強烈的目標欲和滿足感。

對此，中國企業未來要前往海外投資，不僅要瞭解國際消費者的理性需求（Need），更要掌握消費者的感性欲望（Want）。企業只有瞭解國際市場的新需求，才能逐漸消除到海外投資的諸多疑惑，找到正確的投資方向和目標，並把項目精品化，從而解決如何在海外市場佈局的困惑。

中國企業前往海外市場投資的佈局，通常要面臨以下兩個抉擇：第一，企業是區域化還是全球化；第二，企業是集中力量到一兩個國家投資還是分散力量到多個國家投資。如何抉擇才對企業更有利？

要解決企業是全球化還是區域化的問題，可先借鑑世界500強企業的海外市場佈局。根據最新的世界500強企業名單，大部分國際經濟活動主要是由中國、北美、歐盟、日本的企業所主導的。為方便比較和劃分，我們將世界500強企業分為四大類。

這些企業如果有至少一半的商品是銷售到其所屬國家或區域的，則歸為本區企業；如果有20%以上的銷售是在中國、北美、歐盟、日本這四個區域的其中兩個，則屬於雙區企業；如果除了本區域之外，有50%以上的銷售量是在其他三個區域的，則屬於主區企業；如果在這四個區域中，每個區域的銷售量均占20%～50%，則屬於全球化企業。

根據這種劃分，排在榜單前100名的如沃爾瑪、蘋果公司、三星電子、通用汽車、匯豐銀行等，多數屬於全球化企業，而排在後100名的如日本中部電力、美國合眾銀行、英國耆衛保險公司等，則多數屬於本區企業。在世界500強企業中，大多數企業選擇在其所屬區域奠下穩定基礎，最多再加上另一個區域。

即使是世界500強企業，要想實現「全球化」也並不容易。因為在範圍較廣、全球營運規模較大的情況下，企業必須持續評估本身的競爭優勢，這樣才能維持全球標準及本土化的市場條件，滿足不同國家的客戶需求。對於世界500強企業而言，要在全球標準化及本土有效性（Local Effectiveness）之間取得平衡是一件很棘手的事情。例如，2016年，在榜單排行第68位的匯豐銀行，為了傳達擁有世界級服務水平，同時尊重當地文化及人民的信念，採用了簡潔有力的標語「The World's Local Bank」（環球金融，地方智慧）。在馬來西亞，匯豐銀行還用馬來語製作標語

「Bank sedunia Memahami Hasrat Setempat」，意指「瞭解當地需求的全球銀行」。

因此，對於大多數佈局海外市場的中國企業而言，與其追求全球化，在全球鋪點，不如先扎根區域化。我認為，企業「走出去」的較佳選擇是價值全球化（Globalization of Values）、策略區域化（Regionalization of Strategies）以及戰術本土化（Localization of Tactics）。

企業的價值全球化，指企業的品牌、服務及流程擁有一貫（Consistent）的全球價值，以便讓各國的消費者都有相同的品牌聯想、認知及印象。策略區域化則是要考慮不同國家的客戶差異和相似性，針對目標市場設定適當的策略。戰術本土化就是企業推出讓自己脫穎而出的客制化（Customized）和差異化，企業要跟競爭對手區隔開來，須根據當地市場條件加以客制化，然後再轉換為本土化的行銷組合和銷售技巧。

在中國企業瞭解了海外市場投資什麼、如何佈局之後，就到了該採取什麼投資策略的階段。縱觀國際知名企業的案例，到海外市場投資的策略基本上有以下三種：一是將生產和投資外移到成本低廉的國家（Relocation）以降低生產成本；二是外部增長手段，即通過併購、聯合等模式擴大企業在市場上的佔有率並取得規模經濟效益；三是內部增長手段，即通過研發、創新、品牌行銷等方式改善產品的內容和價值，把產品銷售到海外市場。

上文已提及在如今的國際經濟趨勢下，市場對多數傳統產業的需求欲振乏力，簡單將生產和投資外移到成本低廉的國家不大可取。下文我將重點探討外部和內部增長手段策略的不同。我認

為，企業採取哪種策略，需要視企業所在的行業，以及企業是否急需在短時間內取得市場份額、市場優勢而定。例如，法國的企業多數是採用外部增長手段，以併購、聯合的方式，以產業集中化、大型化的策略因應市場的需求，進軍海外市場。對於急需在短時間內取得市場優勢的企業而言，併購、聯合是見效最快的方式。此策略的運用在高端汽車業、鋼鐵業、化學制藥業尤為明顯。例如鋼鐵業，原本存在許多小型企業與些許大型公司的鋼鐵業，經整並後也成了單一的巨型鋼鐵集團，而化學制藥業則在政府持股的情況下，整並為少數幾家具有互補性而非競爭性的大企業。

德國的企業則相反。大多數德國企業在面對國際市場的需求時，所採取的應對方法並非併購或將生產與投資轉移到其他低成本的地區，而是重視質量和技術的提升以增強其非價格競爭力。德國企業的這種內部增長手段方式，讓他們在傳統製造業如機械工具、消費者耐用品、電子或電機工程、汽車、化學、精密儀器產品等國際市場上佔有獨特的競爭優勢。

中國企業進軍海外市場的投資途徑，可參考德、法兩國企業的經營策略，並結合自身所在行業。

首先，在中國企業「走出去」的投資策略中，不能不提的是中小企業進行海外投資的策略。我認為，對於眾多準備到海外投資的中國中小企業而言，若採取了適當的策略，實際上會比大企業更具有國際競爭的條件。

縱觀國際知名中小企業，其成功的原因往往是企業在資源有限的情況下善用自身的條件在特定領域扎根，以及採用適宜的策

略進軍海外市場。例如，照明、家具、制鞋等有國際競爭優勢的義大利產業，大多由經濟規模較小、以合作替代結盟的企業所組成，避開了標準化、利潤低的產品，策略上則力求滿足各種客戶的不同需求，開發造型特殊的產品。這些企業講求個人創意，因此能不斷發展新產品，抓住市場趨勢，並且具備隨時調整的彈性。又如德國萬寶龍（Montblanc）公司，則以高質量、高品位和高價位鋼筆打入全球市場。

　　大多數國際知名中小企業傾向於採用出口導向策略與有限度的海外投資。其中，義大利的企業大多借助於代理商或進口商，而日本和韓國的企業則利用經銷商和貿易公司。另一種方式則是通過產業工會建立共同的市場基礎，籌辦展示會和共同進行市場研發工作，如丹麥的農產品業者就是通過共同開發市場來取得出口的成功。此外，不少小型企業也以和外國公司結盟的方式進行全球競爭，以此逐漸成為中型規模的跨國公司。外國這些中小企業進軍海外市場的經驗，也十分值得中國中小企業借鑑。

　　其次，在中國企業「走出去」的投資策略中，另一個必須重點留意的就是「在商言商」。中國企業「走出去」期間，應該大大方方地告訴投資所在國的政府、民眾，中國的企業是在商言商、合法經營、追求盈利的。

　　隨著「一帶一路」建設的實施，越來越多的中國企業將更加積極地「走出去」。然而，我們不應忘記，過去中國企業「走出去」的歷史中，由於過多地考慮商業之外的因素，多次遭受外界無端的猜測，不少企業更因此蒙受損失。因此，在「一帶一路」背景下，中國企業「走出去」應該更多地保持在商言商、務實主

義的取向。

其一，中國企業「走出去」不可盲目聽從投資所在國政府的指揮棒。不少「一帶一路」沿線國家經濟比較落後，這些國家的政府為加快經濟發展，常常在以下三方面急於求成：一是項目規劃缺乏充分論證，在環境評估、技術評估還沒有全部完成之前，就要求外國投資者的項目快速上馬。二是政府通常會優先選擇施工期較短但成本較高的項目，這往往加大了外國投資者的投資成本。三是較少顧及本國發展的實際水平，政府通常會要求外國投資者提供高性價比的技術、產品和工程。

中國企業在「走出去」期間，如果遭遇到此類過於「心急」、把中國企業當「冤大頭」、對中國企業有諸多過高要求的國家時，一定要在商言商，切不可盲目聽從投資所在國政府的指揮棒，也不在投資所在國政府的小恩小惠下匆忙上馬項目，而是應該充分做好技術審查、風險評估等工作，認定項目可行性較高、回報有保證之後，再做出投資決定。

其二，中國企業「走出去」要有匠人（Craftsman）精神。相比美國、日本等發達國家，當前中國企業「走出去」的軟肋，主要集中在質量稍差和技術稍低兩方面的項目上。我們必須看到，很多條件比較好、回報較穩定的項目，往往被發達國家的企業奪得，而只有條件、回報均一般或較差的項目，中國企業才能分一杯羹。即使是這些「雞肋」項目，中國企業之間還不時進行「內鬥」，展開激烈的競爭，有的企業甚至採取低價中標策略。這不但為以後的項目實施埋下了隱患，而且影響了中國企業的聲譽，得不償失。

因此，中國企業「走出去」，除了企業之間要加強合作，政府要建立及完善協調機制、有序引導企業參與招投標等之外，更重要的是中國企業要培養匠人精神。

匠人精神，指的是對產品質量、製造技術的崇敬，更加強調企業間的分工與合作。匠人精神並非不鼓勵競爭，而是強調競爭的前提是產品的質量、製造技術，以此迫使企業不斷改進技術和質量。這樣最終獲益的不僅是企業，更是所有民眾。

其三，中國企業「走出去」要培養在地化（Localization）意識。過去不少中國企業「走出去」時，較少主動融入當地社會進行人文交流，也較為忽略當地勞工福利、安全保障和環保因素，甚至有些中國企業認為只要用錢能解決的問題，都不是問題。不少「一帶一路」沿線上的發展中國家，已開始拒絕中國的投資，或者要求中國的企業提供更優厚的條件，付出更多的金錢。

中國企業「走出去」要更加注重培養在地化意識，主動學習及掌握當地的制度和文化，遵守規則，與當地民眾形成良性互動，主動融入當地文化，瞭解當地風俗習慣，適應地方需求，不能有僥幸心理。同時，中國企業除了參與該國政府的項目之外，也要考慮「接地氣」，更多地與當地民營企業合作。只有逐漸為投資所在國的民眾所接受、認同，中國企業才有可能發展得更順利。

簡而言之，在「一帶一路」倡議的背景下，中國企業「走出去」期間，應該大大方方、直截了當地告訴投資所在國的政府、民眾，中國的企業是在商言商、合法經營、追求盈利的。說白了，就是過來賺錢的。

如果中國企業能做到這些，一方面將可避免投資所在國對中國企業提出不合理的要求，或抱有過高的期望；另一方面也能消除各國對中國企業「走出去」的背後目的的猜測，減少外界對中國「一帶一路」政策的誤解。

再次，中國企業在「走出去」的投資策略中，還應注重知識產權和品牌保護意識。企業要「走出去」，除了「思想先行」「糧草先行」，做好前期規劃、風險評估和以雄厚的財力作為後盾之外，還需要有「知識產權先行」的意識。在保護知識產權的框架下，建立更加完善的商標戰略實施機制，提防中國品牌在「一帶一路」沿線國家和地區受到侵犯。

中國企業如何增強知識產權保護意識，防止商標遭惡意搶註，是「一帶一路」建設過程中常被外界忽略的，但又是迫切需要解決的問題。

數據顯示，中國企業過去在海外投資的過程中，每年都有數以百計的商標遭國外企業搶註而失去商標經營的自主權，如「飛鴿」牌自行車商標在印度尼西亞被搶註、「海信」在德國被搶註、聯想公司因「Legend」在很多國家被註冊而改用「Lenovo」等。

眾多中國企業品牌商標遭外國搶註，固然是因為中國企業和產品在國外所受關注越來越多，似乎可以用法國名牌香奈兒創始人可可·香奈兒的名言，即被人仿造是一場災難，沒人仿造是更大的災難，來阿Q式地安慰自己。但在現實中，對於那些被外國搶註的商標，中國企業無論是通過法律手段向國外企業贖回這些商標，還是重新設計商標，經濟成本和時間成本都非常昂貴，這也為中國企業「走出去」帶來不少障礙。

中國企業商標被搶註的原因有很多，在用一只手指指責外國企業惡意搶註的同時，另外四只手指需要指向自己，深入檢討被惡意搶註的原因。主要原因有以下四點：

第一，企業缺乏長遠規劃，對知識產權的重要性認識不足，常常等到自身出口業務形成一定規模後才想到海外註冊，卻可能為時已晚。

第二，企業對投資所在國的知識產權保護制度瞭解不足，缺乏品牌商標的防禦思維。在部分商標法不太健全的國家，的確常常發生商標原本所有人無奈放棄商標的案例，或是至少要付出高額的經濟補償。

第三，企業常常過多地考慮知識產權保護的費用成本。由於海外商標保護、維護等費用較高，企業負擔加重，不少企業放棄了對商標的保護，而且在商標遭外國企業搶註後維權意識不強，助長了搶註的壞風氣。

第四，目前在國內企業中，擁有專門知識產權保護隊伍的企業為數甚微，企業制定品牌商標保護戰略時，缺乏知識產權人才，而且也缺乏官方相關的數據和專業指引，導致企業未能搶占先機、提前部署品牌商標保護程序。

如今，在「一帶一路」倡議下，隨著更多中國企業「走出去」，知識產權領域已逐漸成為中國企業佈局全球、直面全球商業競爭的主戰場之一。在前車之鑒下，不僅是中國企業，還包括中國政府，都應具有強烈的知識產權保護意識。

其一，對中國政府而言，政府一方面可考慮從強化知識產權人才培養、儲備，加強品牌商標代理機構的資格認證、誠信機制

建設及規範管理，以及增強培訓機制等方面著手，開展前瞻性規劃、組建系統、完善的品牌商標服務專業隊伍，為到海外投資的中國企業商標遭搶註問題保駕護航。

另一方面，政府應提供更多資源，對到海外註冊商標達到一定數量的中國企業提供資金補助，解決註冊費用高昂的問題。同時，政府應進一步引導品牌商標行業組織、協會的建設，充分發揮其「三自我」（自我服務、自我管理、自我教育）作用，為「走出去」的中國企業提供多一層保護網。

此外，政府應加強與「一帶一路」沿線國家建立商標領域的合作備忘錄，通過這一政府之間的溝通平臺，協助遭搶註商標的中國企業，在相關國家主管部門的支持和配合下妥善解決問題。政府也應考慮設立對知識產權保護不力的國家黑名單，供中國企業參考。同時，政府可通過每個季度發布有關哪些國家對品牌商標侵權情況比較嚴重、中國企業在哪些國家需經常申請註冊保護、同一行業在哪些國家已有註冊等最新信息，以及提供中國企業在各主要國家的商標註冊程序、商標註冊數量、侵權訴訟數量和企業維權平均成本等信息，讓中國企業在「走出去」之前，可掌握相關權威資料，提前部署。

其二，對企業而言，它們不僅要培養自身知識產權保護的海外思維模式，也應考慮創新商標保護模式。例如，採取家族品牌策略（Family Brand Strategy）、多元品牌策略（Multi-Brand Strategy）和聯合品牌策略（Co-Branding Strategy）相結合的新模式，在「走出去」時根據不同的國家、地區，不同的消費人群，採取不同的品牌策略。如此，企業不但可避免一旦商標遭搶註就

全軍覆滅的窘境，還可通過與投資所在國的知名企業合作，共同推出產品，並冠上共同品牌，為中國企業在競爭激烈的海外投資市場尋求新的發展模式。

在「中國製造」是當之無愧的全球第一的今天，全球知名的中國品牌卻如此之少，不能不說是一大憾事。未來中國政府和企業必須增強知識產權、品牌商標的保護意識，合力構建中國知識產權保護戰略實施機制，這樣既有助於推動「走出去」的中國企業的長遠發展，也能為「一帶一路」倡議的進一步實施提供助力。

最後，中國企業在「走出去」的投資策略中，還需要注重在對外交流中提高自身的文化包容度。「一帶一路」沿線國家多種文明、多種語言並存，巨大的文化差異往往容易產生誤解和摩擦。因此，除了企業、政府與外宣媒體要轉變觀念外，中國也應當針對「一帶一路」建設展開對國民更多的教育和宣傳。國人和企業在「走出去」的過程中，要從我做起，包容不同的文化與文明，注意自己的舉措和言論，避免讓國外民眾產生不必要的誤解。

中國企業、普通民眾在對外交流中，應當注重提升自身大國國民的風範，進一步向「一帶一路」沿線國家釋放善意、消除誤解，展現中國企業、民眾謀求和平發展的誠意，從而加強中國與各國之間的人文交流。

首先，中國企業、民眾在對外交流中應避免顯露文化、經濟上的優越感。無論是國與國之間，還是一國內部的不同地區之間，炫耀優越感都有害無益。以美國為例，美國常以經濟、文化

上的優越感，從高高在上的角度對其他國家的制度、經濟和文化等指手畫腳，因此常遭他國民眾的反感和抵制。

再以德國為例，當年柏林圍牆倒下後，原西德在經濟上大舉援助東德，西德的民眾、媒體由此產生強烈的優越感，不但以「恩人」的心態與原東德民眾交往，更對前往柏林旅遊的原東德遊客打出「柏林不愛你」的標語，出言侮辱甚至投擲物品攻擊遊客。這在當時引發了不小的風波，不少東德民眾的心靈傷痕至今仍未撫平。

隨著中國國力的迅速增強，部分企業、國人的信心也開始膨脹。對於前往港澳地區旅遊、購物這種互利互惠的舉措，他們也出現了「恩人」的心態。這不僅引發了「茶杯裡的風波」，而且受到國際媒體的大肆渲染，對國人形象有所損害。

如今，「一帶一路」沿線國家中有不少國家在科技、經濟等領域落後於中國，且部分國家還需要中國的經濟援助。對此，中國企業、民眾須以美國、德國和香港的教訓為鑒，收起優越感，摒棄高高在上的心態，以平等、友善、互助、合作的姿態與「一帶一路」沿線各國民眾交往、交流，同時還應對「一帶一路」沿線國家抱持「文化包容」（Cultural Tolerance）的心態，展現容忍、諒解的氣度。這不但可對外展現中國的大國風範，更可為企業、國民「走出去」營建一個更加和睦的營商環境。

事實上，當今世界各大新興市場國家，各有各獨特的發展模式，部分國家的潛力和發展前景，並不比中國遜色，中國企業、民眾對此應有開放、欣賞的心態。例如，另一個人口大國印度，與中國先發展勞動力密集型產業不同，印度直接發展知識密集型

產業，成為「世界的辦公室」「西方延長出來的實驗室」，以高附加價值取代大量勞工，在高附加值的產業中占據優勢。

雖然印度聯合政府決策過程緩慢，但印度的發展模式是由下往上改變市場的，其自由且富創造力的企業家在國內發跡，進而占領世界市場，成為印度經濟發展的推動力。政府的不足之處將由市場來彌補，印度人的企業精神和意志力，足以彌補許多政治缺失。

目前，中國的經濟規模是印度的5倍，中國過去依靠投資與出口的經濟增長模式，印度已經開始模仿。印度總理莫迪曾公開指出，印度目前需要以出口製造、公共基礎和都市建設為導向的經濟增長模式，並將從目前的服務業導向型經濟轉為由大量的勞動力與資本帶動的經濟增長模式。印度如果轉型成功，很可能成為新的「世界工廠」。

其次，中國企業、民眾要有胸懷天下的使命感，這樣才能真正獲得「一帶一路」沿線國家的支持與合作。中國不少企業、民眾認為，作為「一帶一路」倡議的發起國，中國必將以此獲取他國資源、能源，為中國的利益服務。對於這種想法，曾經的世界第一大國西班牙、英國都曾有過，美國現在也還有。如果中國企業、民眾也存有這種觀念，將難以走出一條有別於西方霸主的和平發展、攜手共進之路，也會令原本對中國有期望、渴求改變當前國際秩序的國家失望，更容易令「一帶一路」沿線國家對該倡議的動機產生懷疑。

因此，中國企業、民眾須有心懷天下、同舟共濟的胸襟，在尋求國家利益的同時，兼顧沿線國家的利益，以「是中國人，也

是地球人」的氣度，更多地參與全球性的議題，並為此做出應有的、力所能及的貢獻。國人更應照顧和重視各國合理的、正當的、實際的需求和利益，這樣才是真正的「達則兼濟天下」，最終和各國實現共贏，也為中國未來成為國際社會的領導者拿到一張令別國心悅誠服的「入門票」。

再次，中國企業和民眾應以身作則，發揮規範性力量（Normative Power），傳播中國的道德規範和價值準則，以此進一步贏取沿線國家的認同、信任和尊重。

英國、美國的崛起，分別以「自由貿易」「民主人權」作為價值體現，中國的「一帶一路」倡議，又會帶給世界什麼樣的價值規範？中國不少企業、民眾認為，和平發展、互利共贏、開放包容、互學互鑒是中國帶給世界的核心價值觀。

當然，要向世界展現「一帶一路」倡議的價值規範，除了每一家中國企業，每一個中國人應進一步在人類和平與安全、國與國之間平等與團結、經貿上的自由與公平以及人類權益的捍衛等方面，展現出胸懷天下的雅量、氣度並以身作則外，中國的媒體、智庫和大學研究機構，也應在對外交流與合作中，發揮規範性力量，以此推廣「一帶一路」倡議的核心價值觀。

由於「一帶一路」沿線國家民族不同、信仰不同、要求不同、經濟發展階段不同，中國要與沿線諸國互利互惠、共同發展和實現共贏，以及中國企業要進行海外投資，都充滿了挑戰和變數。中國是「一帶一路」倡議的發起國和主導國，因此中國的企業、民眾應盡力展現大國國民的風範，營建和睦的營商環境，贏取沿線國家的認同、信任、支持與合作，以助力企業更加順利地

「走出去」，並推動「一帶一路」倡議的成功實施。

最後，中國企業無論借鑑什麼經驗、採取什麼策略「走出去」，以及希望「走進去」和「走上去」以成功開拓海外市場，除了注重「術」之外，還應注重「道」：一是為善，盡社會責任；二是「常回家看看」「把根留住」。

在為善、盡社會責任方面，部分「走出去」的企業，為賺取更多的利潤，在環保問題、超時工作、偷稅漏稅等方面用了太多的「術」，導致其在投資所在國常遭該國政府、民眾詬病。這對企業、對中國的形象造成了較為惡劣的影響。企業只有「為善」，才是王。只有在投資所在國多盡社會責任，積極投入慈善事業，並抱著「我為人人，人人才能為我」的心態，企業的投資環境才會變得更好，企業才能做得更大。企業必須明白，盡社會責任並不會減少企業的財富，為善實質是有形地拿出去，無形地收回來。

「既然選擇了遠方，便只顧風雨兼程。」這只是詩裡面的意境。當前，全球沒有哪個國家可以像中國這樣，擁有近14億人口的龐大市場。隨著中國式土豪經濟的崛起，就連外國企業都欲拒其「土」，卻難拒其「豪」，何況中國企業自身。中國企業完全可以「土」和「豪」二者兼顧。

對此，中國企業到海外投資，除了探索國際市場新需求之外，更應「常回家看看」「把根留住」，時刻留意中國國內市場的需求。即便是在海外市場打造的項目，企業的目標人群也應將中國的消費者考慮進去。我在調研中發現，部分廣東企業在海外投資的項目，希望吸引的目標大多數仍舊是中國消費者。「身在曹

營心在漢」的投資策略並非不可取，相反，它的市場非常廣闊。

尤其是近年來歐美國家、日本在多輪量化寬鬆政策之後，資金非常泛濫，需要尋找投資出路。此外，歐美國家、澳大利亞的養老基金以及中東國家的主權基金，在其本國可投資的項目也逐漸減少，紛紛在國際市場上找尋可投資的項目。中國近14億人口的龐大市場，也是這些基金緊盯的目標市場。

我在調研中發現，不少外國機構對中國的市場一直興致勃勃，過去沒有進入中國是出於不瞭解、不熟悉等因素，如今隨「一帶一路」建設的推進，大量中國企業到海外投資，他們也較為樂意和已到海外的中國企業加強合作，通過組建合營公司或者互相參股的形式，既和中國企業共同打開國際市場，又和中國企業一起迴歸中國的市場。

對此，在海外投資的中國企業，在把產業和資本輸出海外的同時，應考慮如何與外國企業強強聯合，將海外資金、海外技術引入中國市場共同發展，以此創造多贏局面。

企業到海外投資同樣可以提高國家的生產力。企業進行國際產能合作，轉移產業，輸出資本，加速進入海外市場的同時，也增加了出口，創造了海外利潤，並反過來推動中國國民收入的提高及產業的升級。例如，德國生產光學儀器的蔡司（Zeiss）公司、生產玻璃的肖特（Schott）公司，都是在打開國際市場、擴大市場份額之後，再回頭強化其在德國總部的研發能力，進而提升總公司的競爭優勢。

這說明了對企業進軍全球市場而言，進軍海外市場和「常回家看看」這兩股力量之間是可以互相強化的，且互為依賴，缺一

不可。歸根到底，在國際產能合作中，企業最重要的競爭優勢，其實還是本國市場的優勢。

在「一帶一路」框架下，中國要推動國際產能合作，企業要向海外市場進行產業轉移和資本輸出，都面臨著各種阻力。只有把握國際經濟大趨勢，捕捉國際新需求，以及在海外佈局方面善盡地利、各地協調、合縱連橫，企業才有可能更好地「走出去」「走進去」以及「走上去」，進而實現對企業自身的提升。

當中國企業「走出去」遭遇日本「走出去」將出現哪些挑戰？

中國「走出去」海外投資，遇上日本海外投資，將是一場長期的鏖戰，不但需要企業自身努力從多角度尋求突破口，而且需要政府的大力支援與協助。

「一帶一路」倡議提出之後，亞洲的東盟國家率先成為眾多中國企業投資的重點區域，而東盟國家同樣是日本企業重點投資的對象。關於中、日兩國在同一項目如大家熟知的高鐵項目上展開激烈競爭的消息不時見諸報端，讓人不免有中國企業走到哪，日本企業就如影隨形跟到哪的感覺。

不過，這其實是個錯覺。東盟秘書處數據顯示，早在 2014 年，日本已是東盟十國的第二大投資者，僅次於歐盟。根據日本銀行數據，2015 年，共有約 20.1 兆日元的日本資金投入東盟，較 5 年前幾乎翻了兩倍，這也是連續第三年日本在東盟的投資金額高於其在中國的投資金額。日本也是泰國、印度尼西亞的最大海外資本來源，是菲律賓、馬來西亞的第二大投資者。

为何日本企业在持续加大对东盟国家的投资？我认为至少有以下几个原因。

其一，日本企业也要「走出去」。日本经济「迷失20年」，增长乏力，而且国内人口老龄化严重，日本企业一直在邻近的亚洲其他国家寻找投资机会。东盟国家发展潜力较大。据经济合作与发展组织（OECD）的报告预测，2015—2019年，东盟经济平均年增长率为5.6%。东盟国家的发展潜力及其低劳工成本对日本企业的吸引力很大，而且日本储蓄过剩，促使多余的资金流入东盟市场，投入东盟国家的资金持续增长。

其二，日本希望重塑新角色。日本政府推动企业加大对东盟国家的投资，带动东盟国家的经济发展，也希望此举能够帮助日本摆脱战败国历史，通过塑造日本在东盟国家的新角色，重建日本国民对未来的信心。

其三，东盟国家对日本有需求。快速发展的东盟国家对产业技术普遍存在巨大需求，但各国当前的技术都较为匮乏，不足以为其经济提速，急需外力支持。东盟各国期待日本在投资的同时可以带来先进的技术、经营管理理念，从而提升其产品的质量以及开拓全球市场的能力。对于东盟国家这种既差技术又差钱的情况，日本企业无疑可同时满足它们的这两个需求，自然受到东盟国家的青睐。

我们也必须清楚地认识到，日本加大对东盟市场的投资，也有制衡在本地区势力日益增强的中国之意。因此，当中国的「走出去」，遇上日本的「走出去」，对中国企业而言，当然是一场硬战。

中、日企業相爭，對東盟國家而言，有時也非喜事，而是一件相當令人頭痛的事情。

不少讀者或許還記得，中、日兩國在東盟某國爭奪高鐵項目時，曾發生過一件讓人啼笑皆非的事情。某國將要修建高鐵，中國、日本企業相繼介入。中國提出的方案是：50年期貸款，利息為2%。日本提出的條件是：貸款期40年，利率低至0.1%，且有10年的還款寬限期。

如果從在商言商的角度思考，日本的方案較優。但是，某國卻遲遲下不了決心選擇，這是因為，日本的方案雖然較優，也是該國最大的投資國，但中國是該國最大的貿易國，無論是選擇中國還是日本，都是艱難的取捨。最後，該國在中、日相爭之下，只好選擇暫時擱置高鐵項目，避免陷入顧此失彼的難局。

在「一帶一路」框架下，未來會有越來越多的中國企業到海外投資，尤其是到東盟國家投資，面對日本企業的競爭，中國企業如想取得優勢，或可參考日本企業投資東盟的做法，也就是「C. I. D. (Capacity, Intention, Demand)」原則。中國企業首先需要明白自身的實力（Capacity），如此才能揚長避短；其次需要有明確的意圖（Intention），如此才能堅定海外投資的信心；最後還需要瞭解投資國的需求（Demand），如此才能增強投資的針對性。

此外，政府也應進一步出抬支持中國企業「走出去」的措施。例如，日本政府為鼓勵該國企業「走出去」，採取了一系列措施：一是提供信息支持，為企業提供投資潛在國整體投資環境及個體產業狀況等數據。二是提供後援支持。對於那些資金、技

術較為缺乏的中小企業，日本政府設有專門的支持計劃，不但提供資金及各種實質協助，也提供投資前市場調查等補助，全方位協助本國企業「走出去」。

中國「走出去」海外投資，遇上日本海外投資，將是一場長期的鏖戰，不但需要企業自身努力從多角度尋求突破口，而且需要政府的大力支援與協助。

巴西是不是中國企業海外投資的首選之一？

中國企業前往巴西投資要懂算帳。由於巴西經濟處於艱難境地，擔心企業資不抵債的銀行業，實施了更嚴格的信貸政策，令因債務大幅增長的巴西企業面臨更大的財務壓力。企業出現危機直接令巴西民眾收入減少。巴西家庭目前的債務情況驚人，平均每個家庭每月要用超過收入的20%來償還信用卡債、貸款。

在國際投資界，不少投資者是球迷，且大多對巴西足球有好感，愛屋及烏之下，對巴西的匯市和股市偶爾也關照一番。因此，巴西股市、匯市會受到不大正常的市場情緒的影響。那麼，在「一帶一路」框架下，巴西是否也適合作為中國企業「走出去」的投資對象呢？筆者認為，中國企業需要懂算帳，這樣才有可能成功，主要有以下原因。

其一，政治問題未解決。巴西政壇的惡鬥，涉及金錢、權力、貪腐。在政治人物「不是你坐牢，就是我坐牢」的心態下，從政府到議會，再到最高法院及最高檢察院，一波接一波的政壇

大戲不斷上演。

這場政治風波何時才能結束，結束之後又將產生什麼後遺症，目前實難判斷。在這種情況下，與其前往巴西「探險」，不如安坐家中更為安全。

其二，經濟問題未解決。繼2015年經濟衰退3.8%之後，巴西央行發布的最新《焦點調查》報告預測，2016年，巴西經濟將衰退3.8%，直到2017年，巴西經濟或才會微弱增長0.2%。

由於巴西經濟處於艱難境地，擔心企業資不抵債的銀行業，實施了更嚴格的信貸政策，令因債務大幅增長的巴西企業面臨更大的財務壓力。企業出現危機直接令巴西民眾收入減少。巴西家庭目前的債務情況驚人，平均每個家庭每月要用超過收入的20%來償還信用卡債、貸款。在債務偏高的情況下，巴西近年又大幅度加息，等於直接增加了家庭的負債比例，進一步削弱了巴西人的消費欲望。巴西消費差，又進一步影響企業的發展乃至生存。這種未知經濟何時才能恢復的大環境，並不適合中國企業前往投資。

此外，中國與巴西產業結構相似，巴西政府向來視中國為競爭對手，設立了諸多貿易壁壘。中國的企業前往巴西投資，會否受到優待？這值得商榷。

因此，在「一帶一路」框架下，中國企業「走出去」不能被一時的市場投機情緒所左右，而是既要算政治帳，也要算經濟帳，既要權衡短期利益，更要權衡長期利益，這樣才不會讓對外投資項目的潛在風險變成「現實風險」，令自身陷入進退兩難的困境。

澳大利亞能否成為中國企業投資西方的跳板？

澳大利亞正在從過去以礦業為支柱的經濟結構向多元化經濟結構轉型，中、澳經濟互補性很強，經貿合作空間巨大，在「一帶一路」建設框架下有許多契合點。筆者相信，澳大利亞的優勢，結合中國企業自身的特色，應可成為中國企業投資歐美國家前理想的第一站。

阿里巴巴集團澳大利亞和新西蘭總公司，於2017年2月在澳大利亞墨爾本成立。阿里巴巴集團董事局主席馬雲對此表示，澳新總公司成立是阿里巴巴集團國際戰略最重要的一步，澳新總公司將幫助更多中小企業走向世界，向全世界人民分享澳新高質量產品。

包括阿里巴巴在內的不少中國企業，已經或者準備把澳大利亞當作走向世界尤其是西方國家的跳板。原因主要包括兩個方面：一方面，澳大利亞和中國只有2個小時的時差，與在中國總部聯繫無須日夜顛倒，而且中國企業在澳大利亞取得的認證、資

質，在西方國家的認可度非常高，中國企業在澳大利亞投資生產的產品，質量比較有保障，走向西方國家也較少遭遇各種貿易壁壘。另一方面，澳大利亞產業的轉型升級，對中國有需求，也需要中國龐大的市場。過去幾十年，澳大利亞根據自身的產業，每個階段基本上都會「錨」住一個國家，作為其主要合作對象國。20世紀八九十年代是印度尼西亞，21世紀初則是日本，如今，澳大利亞把目標對準了中國的市場。

從澳大利亞機場內的一些標誌和廣告的文字，就大概可以看出澳大利亞在當前階段對哪國比較重視。在過去的幾十年裡，澳大利亞機場上的標示圖文字先是會翻譯為印度尼西亞語，之後是日語，如今機場裡已經滿是中文了。

由於澳大利亞對中國的市場有需求，因此它對中國企業普遍持歡迎態度，對中國企業的准入條件也相對比較寬鬆。當然，這並非意味著澳大利亞對中國的投資就沒有疑惑。

近段時間，筆者曾先後三次赴澳大利亞調研、考察，所前往的城市從布里斯班、悉尼到墨爾本。從與當地的政界、商界、科研機構和企業的接觸、交流中，以及在論壇和講座上被提問的方向和頻率，筆者瞭解到澳大利亞與一些歐美國家一樣，對以下幾個問題一直存有疑惑：

首先是擔憂中國的國內生產總值增速下降到7%以下後，中國是否還會有精力繼續推動「一帶一路」建設。其次是看到中國的外匯儲備逐漸減少，擔心中國是否有足夠的資金去推動「一帶一路」建設。他們提問最多的問題，還包括人民幣匯率是否還會下跌，以及亞投行和絲路基金如今的發展如何。

除了這些疑問之外，筆者先後在澳大利亞的三次調研中，尤其是2016年年底在澳大利亞的考察中發現，該國不少政界和商界人士對「一帶一路」建設的熱情有所下降。筆者思索了一下當中的原因，發現這可能是澳大利亞民眾的思維方式和做事方式更接近西方發達社會，即先要明確界定目標，接著再制訂實現這一目標的計劃，動員必要的資源，然後再朝著目標前進。其運作的背後有民眾渴望實現該目標的驅動力量，同時他們希望能夠看到、獲得實打實的利益。

而中國人的做事方式則比較靈活，少了些機械式和決定論式，經常摸著石頭過河，事情的結果往往是各種因素和力量匯聚之後的產物。

或許正是這種中西文化的差異，才導致近幾個月來澳大利亞對「一帶一路」建設的態度開始有變冷的趨勢。

對此，中國企業如果希望繼續投資澳大利亞，把澳大利亞當作走向世界尤其是西方國家的跳板，筆者在這裡給予中國企業幾個更「脫虛向實」的建議。

其一，考慮展開國際教育合作。經濟合作和教育與人文交流是「一帶一路」建設的兩只翅膀，二者缺一不可。教育同時也是澳大利亞的優勢產業和政府著意推動的產業。當前，中國赴「一帶一路」沿線國家投資的企業有11,000家，但很少有企業在外國開展合作辦學，因此其中蘊藏著巨大的潛力。與中國的學校相比，澳大利亞教育資源豐富，又是英語國家，頒發的學位全球認可，在該國打造教育產業的前景較好。

其二，共同進行「北部大開發」。澳大利亞「北部大開發」

規劃與「21世紀海上絲綢之路」倡議有許多共同點，中、澳兩國企業可以發揮經濟、技術、資金、基礎設施建設等方面的互補優勢。對於中國有富裕產能的企業而言，澳大利亞「北部大開發」規劃也是一種商機。

其三，推動中國創新企業到澳大利亞掛牌上市。與海外許多證券交易所要求企業必須符合特定獲利條件才能掛牌的規定不同，澳大利亞證券交易所可以讓企業選擇以獲利條件或市值條件申請掛牌，讓那些將資金用在研發新技術而暫且無法獲利的企業也能夠上市。在較低的掛牌門檻與較少的掛牌費用的吸引下，從歐美到亞洲的科技新創公司兩三年前就已掀起一波遠赴澳大利亞上市的熱潮。

澳大利亞證券交易所此舉對中國眾多的創新企業有較大的吸引力，同時澳大利亞可以借此挖到中國乃至科技業 IPO（首次公開募股）市場的金礦，創造多贏局面。

其四，吸引澳大利亞投資基金前往中國投資及投資「一帶一路」建設項目。筆者在澳大利亞調研期間，時常被詢問「一帶一路」能否給他們帶來投資機遇。他們口中的投資機遇，並非只是中國的企業到澳大利亞進行投資，而是更希望如果「一帶一路」沿線國家中有好的投資項目，或者中國國內有投資機遇，澳大利亞的投資者能夠參與進去，共同投資。

目前，澳大利亞養老基金規模已逾2萬億美元，預計3年後將達到3萬億美元。為避免坐吃山空，這些基金正在四處尋找投資機會，以獲得穩定的、可持續的回報。中國地方政府、中資企業應改變思路，除了緊盯世界500強企業外，也應留意這些澳大

利亞基金投資的需求，與其展開合作。

澳大利亞正在從過去以礦業為支柱的經濟結構向多元化經濟結構轉型，中、澳經濟互補性很強，經貿合作空間巨大，在「一帶一路」建設框架下有許多契合點。筆者相信，澳大利亞的優勢，結合中國企業自身的特色，應可成為中國企業投資歐美國家前理想的第一站。

投資愛爾蘭新興產業能否成為
中國企業「走出去」的下一個風口？

愛爾蘭對於準備投資「一帶一路」項目的中國投資者而言甚具吸引力，無論是前往該國投資興建產業園區，還是投資當地的生物醫藥、人工智能等新興產業，或者是進軍當地的房地產市場。

不少中國企業「走出去」到國外進行產業投資，普遍會選擇「一帶一路」沿線的一些大國、熱門國家。但實際上有些不常被人提及的「冷門」國家也充滿機遇，如歐洲的愛爾蘭，該國的信息科技產業、制藥科技產業和金融科技產業等都深具投資潛力。

2017年1月16日，在香港出席亞洲金融論壇的愛爾蘭財政部國務部長墨菲（Eoghan Murphy）就指出，未來將致力於發展與中國的關係，拓展更多市場，尋求與包括中國在內的亞洲國家的貿易及科技合作機會。但當日所見，很多在場人士尤其是新聞媒體對他的表述反應比較冷淡。

愛爾蘭容易受外界人士忽略，一方面，愛爾蘭面積小、人口

少，全國總面積7.02萬平方千米，總人口不到500萬人；另一方面，2008年歐債危機爆發後，愛爾蘭因債務沉重，經濟倍受衝擊，一度名列「歐豬五國」（國際經濟媒體對經濟不景氣、出現債務危機的葡萄牙、義大利、愛爾蘭、希臘和西班牙的貶稱）之中，眾多國家投資者均認為該國經濟在未來很長一段時間內都無法恢復。

然而事實並非如此，愛爾蘭近年來經濟復甦神速，不但在2015年交出國內生產總值年增速高達26.3%的「恐怖」成績，而且連續3年蟬聯歐洲經濟發展最快的國家。愛爾蘭的公共債務占國內生產總值的比率，也從105%降至如今的約79%。

愛爾蘭經濟大翻身，引發了不少研究者的興趣。如哈佛大學的兩位教授大衛・布魯姆（David E. Bloom）和大衛・坎寧（David Canning）在2003年曾發表過一篇題為《避孕和凱爾特之虎》（*Contraception and the Celtic Tiger*）的論文，認為愛爾蘭的經濟繁榮得益於工作年齡人口相對於非工作年齡人口的急速增長，而這是愛爾蘭出生率大幅降低所致。但兩位教授承認他們的理論只能提供部分解釋。

「到現在，經濟學家都不能完全確定原因何在」，愛爾蘭歷史學家福斯特（R. F. Foster）認為愛爾蘭經濟迅速冒起，至今仍有些謎團未解，「這就像砍伐森林之後，突然出現一隻奇獸」。

福斯特的說法有不少保留，也有謙虛的成分。筆者總結了一下愛爾蘭經濟近年崛起的原因，應該至少有以下兩點。

第一，愛爾蘭吸引國際巨企前往投資。愛爾蘭企業稅率偏低且稅務法制比較靈活，在過去幾年已吸引超過千家企業前往投

資，其中有約700家是美國公司，包括微軟、谷歌、臉譜等科技公司，有些公司還將愛爾蘭作為其歐洲總部。而且，美國對愛爾蘭的投資總額，超過了其投資金磚五國的總投資額。美國企業對愛爾蘭的「愛」，是「真愛」。

愛爾蘭的高等院校尤其以醫學制藥聞名，全球主要的醫療器械公司、制藥廠均相繼在愛爾蘭建廠。全球大部分飛機出租企業的總部也設在愛爾蘭首都都柏林。

因此，僅在2015年，愛爾蘭的外商直接投資（FDI）就超過1,000億美元，位列全球第四，僅次於美國、中國香港和中國。眾多國際巨企前往投資，愛爾蘭因此受惠。該國的外商投資企業約雇有10萬名員工，相當於愛爾蘭全國勞動力的5%，其產出約占全國產出的1/4。

第二，愛爾蘭大力扶持本土軟件企業、產業企業、高科技企業和創新企業的發展。愛爾蘭人對產業的發展趨勢的把握能力很強，也較有前瞻性。出生在愛爾蘭的「近代化學之父」波爾（Boyle），早在1662年就提出了人類進展下去將會有的發明，其中一項就是一個可以用於測度地球經度、既實用又準確的方法（Practicable and Certain Way of Finding Longitudes），這實際就是我們如今常用的全球定位系統（GPS）。

為鼓勵和扶持本土相關產業的發展，愛爾蘭政府已成立非營利組織「進取愛爾蘭」（Enterprise Ireland），致力於扶助新創公司和剛剛起步的愛爾蘭創投產業如軟件產業等，以及協助愛爾蘭科技業者在美國、歐盟等國家和地區設立據點，以此產生一個能夠孕育更多科技新創公司的良性循環。強勁的愛爾蘭科技企業會引出更多強

勁的愛爾蘭科技企業。在政府的扶助下，愛爾蘭的軟件產業蓬勃發展，現已有超過600家本土軟件企業。愛爾蘭如今也已成為了世界第一大軟件出口國，極大地推動了該國的經濟發展。

愛爾蘭政府的另一個動作，則是成立了愛爾蘭科學基金會（SFI），該基金會致力於推動信息及通信科技產業、生物技術產業的發展。通過該基金會，愛爾蘭政府引進了美國麻省理工學院的媒體實驗室（Media Lab），並將該實驗室設立在首都都柏林。這成為愛爾蘭政府將新創公司和新崛起的數碼媒體公司的發展集中在都柏林最具象徵性意義的措施之一。

隨著外國巨企的投資和設廠、本土高科技創新企業的蓬勃發展以及經濟的復甦，愛爾蘭的房地產市場也迅速回溫。有研究報告指出，2015年，都柏林僅有3,000個新樓單位供應量，遠低於當年10,000個單位的新需求。雖然樓價已比2008年全球金融危機時回升了50%，但仍較高位低35%，還有不少增長空間。而且，外國投資者前來投資有購房的需求。此外，愛爾蘭每千人自然出生率為14.9%，高於歐洲平均水平的10.1%，也為該國房地產市場提供了長期需求。

愛爾蘭的上述條件，對於準備投資「一帶一路」項目的中國投資者而言甚具吸引力，無論是前往該國投資興建產業園區，還是投資當地的生物醫藥、人工智能等新興產業，或者是進軍當地的房地產市場。作為一個歐元區國家，愛爾蘭也很適合作為中國企業投資歐盟國家的門戶。從這些因素來看，中國企業如果能深挖愛爾蘭的優勢，未來投資愛爾蘭或將成為中國企業「走出去」的一個「風口」。

中資機構收購巴基斯坦交易所
有何玄機？

　　雖然此次交易未來仍會迎來不少挑戰，但是收購巴基斯坦證券交易所股權，仍然是中國金融機構海外投資以及「一帶一路」建設非常亮麗的一筆，有很大的現實意義和示範效應，未來的發展前景讓人充滿期待。

　　2016年12月，分別由中國金融期貨交易所、上海證券交易所、深圳證券交易所領銜的三家中國財團，成功以每股28盧比（約合0.27美元）、交易總額89.6億盧比的價格收購巴基斯坦證券交易所（簡稱「巴交所」）40%的股權。

　　其中，中國金融期貨交易所、上海證券交易所、深圳證券交易所將獲得30%的股份，中巴投資公司和巴基斯坦哈比銀行將各自獲得5%的股份。交易生效後，中國財團將獲得巴基斯坦證券交易所董事會10個席位中的4席，另外將有4名董事來自該交易所，2名來自巴基斯坦證券交易委員會。中國方面將任命新的首席執行長、首席財務官和監管人員。

巴基斯坦證券交易所是目前巴基斯坦唯一的證券交易所，於2016年1月由伊斯蘭堡、卡拉奇、拉合爾三大交易所合併而成。早在2015年1月，巴基斯坦啟動證券交易所公司化進程之初，便擬定了向國際戰略投資者發行的股票不得超過總額的40%，向公眾發行的股票不得少於總額的20%，剩餘股票全部定向發行給本國金融機構的戰略規劃。

儘管全球經濟多年不振，巴基斯坦證券交易所卻是亞洲市場近年來表現最好的交易市場之一，不但吸引了中國的投資者，還吸引了中東地區證券交易所、倫敦證券交易所、土耳其證券交易所等的17家企業參加競標，最後被中國財團成功收購。

收購巴基斯坦證券交易所股權，是中國金融機構在海外進行的第一次大手筆收購。這起交易將進一步提升中、巴兩國未來在經濟、金融領域的合作，通過引入中國新的流動資本、技術、經驗和產品，也能為巴基斯坦資本市場發展注入新的活力，同時為下一步推出期貨、期權等各類金融衍生品，豐富巴基斯坦金融市場做好準備。

巴基斯坦證券交易所是中國在「一帶一路」沿線國家投資的首個證券交易平臺，顯示了中國對「一帶一路」建設的佈局，已經深入到沿線國家的證券交易市場。中國此番佈局至少藏著以下幾個玄機。

其一，有助於增加沿線國家對「一帶一路」建設的瞭解，並促進兩地的融通。筆者曾在多個場合提及，要進一步推進「一帶一路」建設，金融領域的合作必不可少。這是因為，由於制度、文化和語言等的不同，不少沿線國家對「一帶一路」倡議存有各種誤解，要消

除這些誤解，需要加強中國與沿線國家在金融領域的合作。

中國財團收購巴基斯坦證券交易所股權，等於是正式告知包括巴基斯坦民眾在內的「一帶一路」沿線各國民眾，推進「一帶一路」建設，不僅涉及國際關係、文化領域，更涵蓋了經濟、金融領域。「一帶一路」建設的「五通」任務中的「資金融通」就屬於金融範疇，加強「資金融通」，有助於推動沿線各國金融市場的穩定和發展。未來，中國更可將滬港通、深港通的經驗進行提煉總結，並複製到中巴金融市場。

其二，可創新國際化的融資模式，吸引除中國之外的更多國家將資金投入「一帶一路」建設。僅「一帶一路」沿線國家的基建項目，已需數萬億美元的投資資金，要進一步推進「一帶一路」建設，僅僅依靠中國自有的資金並不足夠，由中國一己之力進行「一帶一路」建設也不現實。因此，如何切實推進金融創新，創新國際化的融資模式，深化金融領域合作，打造多層次金融平臺，建立服務「一帶一路」建設長期、穩定、可持續、風險可控的金融保障體系，已經成為「一帶一路」建設的一大課題。

由於巴基斯坦股市已在 2016 年 6 月被摩根士丹利資本國際公司（MSCI）納入其新興市場指數，預計巴基斯坦股市 2017 年 5 月正式列入新興市場指數之後，會吸引數億美元增量資金，加上已有不少前往巴基斯坦投資的中國企業也有在當地融資的需求，中國財團收購巴基斯坦證券交易所股權，有助於吸引更多的國際資金、巴基斯坦本國資金直接或間接為「一帶一路」建設服務。

其三，為創建國家或區域性交易所做準備。不少「一帶一路」沿線國家如哈薩克斯坦斯坦等國，都有新建證券交易所的需

求。老撾、泰國、緬甸、孟加拉國、馬爾代夫和尼泊爾等國，也有建立「昆明絲路交易所（KSRSE）」，即服務於中國與南亞、東南亞地區基礎設施建設項目的投融資交易平臺的願望。

對此，中國財團收購巴基斯坦證券交易所股權，有助於中國證券交易所在沿線國家汲取開辦證券交易所的經驗，推動中國國內金融和股市改革，以便未來以更豐富的經驗、更強的實力、更國際化的管理和運作經驗，協助「一帶一路」沿線國家創建新的證券交易所，乃至區域性的證券交易所。

這樣做不但可達到「一帶一路」中「資金融通」的要求，也可為「一帶一路」提供更為充裕的建設資金。

當然，我們也必須看到，雖然中國財團收購巴基斯坦證券交易所股權有助於「一帶一路」建設，但其中仍有一些問題需要注意。

其一，巴基斯坦市場和民眾能否獲得實實在在的好處？一般相信，巴基斯坦證券交易所引入中國資金之後，市場國際化了，同時大量資金可直接惠及巴基斯坦本地經濟及本地企業。但市場國際化之後，中國資金把巴基斯坦金融股市這個餅做大了，更多的中資金融機構進入了巴基斯坦，巴基斯坦的實際得益除了股市交易投資增加、政府印花稅豐收以及交易所上市與交易費用以倍數提升外，其國內從事金融領域的中小企業以及平民百姓能夠得到什麼實實在在的好處？

如果僅是巴基斯坦的政府、大企業獲得好處，那麼中小企業不是因為競爭激烈被淘汰，就是被邊緣化，反而間接成了股市國際化下的犧牲品。這應該不是力主巴基斯坦股市國際化的巴基斯

坦政府、民眾所願見的，而且容易出現反效果。

其二，此次收購會否導致巴基斯坦股市 A 股化。中國和巴基斯坦兩國的股市各具特色，兩國的市場規管、企業治理以及股民對投資的價值觀等存在一些差異，兩者距離必須拉近。此外，在如何增加投資者專業投資意識、加強投資者教育，讓股市朝著更理性、更專業的方向發展，讓市場估值達到更合理的水平以及如何吸引專業投資者入市等方面，中國和巴基斯坦兩國也存在不小的差距。

如何拉近兩國距離？一方面，要防止巴基斯坦股市 A 股化，避免帶來不好的示範效應；另一方面，要讓中國投資者和巴基斯坦投資者在觀念、文化上不斷融合，這需要跨過不少門檻。

總而言之，雖然此次交易未來仍會迎來不少挑戰，但是中國收購巴基斯坦證券交易所股權，仍然是中國金融機構海外投資以及「一帶一路」建設非常亮麗的一筆，有很大的現實意義和示範效應，未來的發展前景讓人充滿期待。

中國企業投資馬來西亞需注意什麼？

馬來西亞既是中國的好鄰居、好朋友和好夥伴，又可成為中國企業走向東盟、伊斯蘭世界、印度市場的起點國家。因此，中國企業到馬來西亞投資，既要「走進去」，讓該國中小企業、民眾受惠，也要「走上去」，給馬來西亞的經濟發展、科技提升和國家形象提供助力，以此彰顯「一帶一路」建設互利互惠、能夠給沿線國家的民眾帶來實實在在利益的內涵。

馬來西亞地處東南亞戰略要衝地帶，既是「21世紀海上絲綢之路」的重要節點國家，又是「一帶一路」建設通往東盟、中東、西亞和南亞的橋樑，吸引了不少中國學者前往調研，也吸引了不少企業家前往考察和投資。筆者在2016年12月也前往馬來西亞吉隆坡出席論壇，考察中國企業「走出去」在馬來西亞的情況。

在和馬來西亞政界、工商界交流期間，筆者留意到，馬來西亞對中國企業投資馬來西亞的兩個細節頗有微詞。

其一，馬來西亞的中小企業、民眾受益不多。不少馬來西亞

政界、工商界人士反應，雖然現在已有不少中國的企業來馬來西亞投資，甚至大興土木，但這些中國企業普遍自帶器材、自帶工人前往馬來西亞，較少在當地購買施工用的器材，也較少聘用當地的工人。

馬來西亞工商界代表甚至指出，一些前來馬來西亞工作的中國工人，甚至飯鍋、方便面等日常生活用品，都從中國帶過去。

對於這種現象，馬來西亞工商界人士指出，馬來西亞有關日用器材、日常用品供應非常充足，中國食品也有不少，如果中國工人連相關物品都從中國帶去馬來西亞，那麼該國的中小企業、民眾較難從中受益，就算中國企業前往馬來西亞投資再多，但受惠的可能僅僅是與這些中國企業有具體業務聯繫的大企業。長久下去，民眾對中國企業的投資熱情可能會消退。

其二，馬來西亞希望中國企業帶來更多先進技術和管理經驗。中國企業目前已在馬來西亞合作的項目，主要包括國際產能合作新城、馬來西亞城、馬六甲臨海工業園、中馬港口合作聯盟（由中國11個港口、馬方6個港口組成）、馬來西亞皇京港深水碼頭等基建項目，這些項目主要是中國的大企業和馬來西亞的國企、大企業合作。馬來西亞中小企業實力較弱，要參與進去的可能性不大，要從中汲取經驗和技術的願望自然無法實現。

對此，馬來西亞中小企業希望未來能有更多的中國民企，尤其是中小企業前往馬來西亞投資，雙方可以優勢互補、進行合作，以便馬來西亞的中小企業學習中國民企較為先進的生產技術、管理經驗。

另外，馬來西亞特別想引進的是中國的高科技企業和創新、

創意產業。這是因為，在互聯網時代、AR（擴增實境）時代，創新科技和創意文化不僅發展潛力無限，而且成功逼迫宅男、宅女們走出家門，已逐步滲透各行各業，未來有機會改變人與世界互動的方式，容易促使「逛經濟」的出現。這種「新經濟」將虛擬遊戲或產品與現實的地點、商品結合，成為打通線上、線下服務的新平臺，以此開拓行銷的新形式，創造長遠商機，有機會成為馬來西亞經濟發展的新增長點。但是，馬來西亞當前相關技術和人才非常缺乏，希望引進中國相關技術和人才為馬來西亞提供助力。

雖然馬來西亞歡迎中國企業前往投資，但是對眾多中國企業尤其是中小企業而言，馬來西亞對於它們仍比較陌生，要加強中、馬兩國企業間的合作，筆者建議可以考慮推行以下措施。

其一，建立中、馬企業對接的「一帶一路」網路平臺。

該平臺除了介紹馬來西亞的基本情況之外，也可發放馬來西亞可投資的項目，中國企業也可將想要在馬來西亞投資的項目需求發送到這個平臺。「一帶一路」網路平臺起到一個仲介、企業諮詢服務、課程培訓、論壇交流、商務考察的作用，讓馬、中兩國的企業可以在平臺上找到各自的需求，並直接對接。其後，再把這個平臺擴展到東盟國家，形成一個「一帶一路」的「淘寶」平臺。

其二，中國企業可與馬來西亞在國際清真認證體系領域加強合作。

伊斯蘭清真市場目前規模高達 2.3 萬億美元，預計 2020 年將升至 4.3 萬億美元，「清真認證」成為敲門磚。馬來西亞是一個

溫和的伊斯蘭教徒占多數的國家，與伊斯蘭教世界聯繫緊密。特別是馬來西亞的清真認證，任何產品一旦擁有馬來西亞的清真認證，就可暢通無阻地進入伊斯蘭教世界。中國企業，尤其是一些外向型的企業，可考慮在馬來西亞設立與國際清真認證體系相關的產業園區，與馬來西亞中小企業合作，生產清真產品，共同撬動全球逾 16 億人口的市場。

其三，中國可與馬來西亞共同舉辦「一帶一路」國際年會。

瑞士有達沃斯論壇，中國海南省有博鰲論壇，分別探討國際和中國的經濟、社會發展。新加坡每年也舉辦亞洲安全峰會（又稱「香格里拉對話會」）。這些國際會議不但產生了巨大的影響力、品牌效應，也帶動了這些城市的旅遊、商貿和房地產的發展。

中國與馬來西亞可考慮每年舉辦一個關於「一帶一路」的國際會議，將馬來西亞作為一個「離岸傳播中心」。在「一帶一路」沿線國家舉辦國際會議，一方面，可進一步提高「一帶一路」建設的國際影響力，推進「一帶一路」建設；另一方面，也可通過該會議進一步提升馬來西亞的國家形象和品牌效應，給馬來西亞帶來更多的發展機遇。這不但能使馬來西亞企業受益，也能使在馬來西亞投資的中國企業受益。

馬來西亞既是中國的好鄰居、好朋友和好夥伴，又可成為中國企業走向東盟、伊斯蘭世界、印度市場的起點國家。因此，中國企業到馬來西亞投資，既要「走進去」，讓該國中小企業、民眾受惠，也要「走上去」，給馬來西亞的經濟發展、科技提升和國家形象提供助力，以此彰顯「一帶一路」建設互利互惠、能夠給沿線國家的民眾帶來實實在在利益的內涵。

中國企業「走出去」要面對哪些稅務難題？

中國企業進行海外投資，要做好充分的稅務調研工作，聘請可靠的稅務顧問。中國政府還可以考慮在「一帶一路」倡議背景下，建立海外投資收入稅收的減免制度，和「一帶一路」沿線國家，共同制定一個稅務方面的「負面清單」。

國家「十三五」規劃已經發布，其中涉及「一帶一路」建設的部分，強調要「以企業為主體，實行市場化運作」。然而，隨著越來越多中國企業前往「一帶一路」沿線國家投資，我們在調研中發現，投資東道國的稅務問題，是中國企業必須正視的重要元素，也是中國企業進行海外投資的一道不易跨過的門檻。

「一帶一路」沿線國家中，不少國家都由於高額的債務金額及利息支出，不得不屢次向國際貨幣基金組織（IMF）申請貸款，但是 IMF 的貸款條件則是要求這些國家的政府必須削減赤字、增稅、私有化國有資產等。面對 IMF 的要求，出於增加稅收的考慮，一些國家對包括中國企業在內的投資者徵收各種稅費，令很

多企業苦不堪言。

我們在調研中就發現不少企業預期之外的「苛捐雜稅」。下面我們以近期調研的某國為例，介紹一下中國企業在海外可能遭遇的稅務問題。

第一，停止向中國企業頒發免稅證明，甚至單方面縮短已經頒發的免稅證明有效期。一些國家為簡化國外工程公司的納稅活動，頒發了預扣稅免稅證明。但隨著該國政府財政的「捉襟見肘」，該國稅務局已經很少為企業出具免稅證明了，甚至會將已經簽發的免稅證明的有效期縮短，僅以一封函件告知中國企業，令中國企業在交稅方面措手不及。

第二，稅務局有時不履行該國中央政府與中國企業簽署的執行協議。中國企業在一些國家投資基建項目時，需與該國政府簽訂執行協議。該協議中的一些條款會規定相關的納稅義務，如銷售稅是可以豁免的，但是中國企業在向稅務局申請免稅時，稅務局卻不受理，或者找各種理由搪塞。

第三，企業轉帳須被徵稅。為增加海外投資的便利性，不少中國企業會在投資所在國註冊成立項目公司，但發現企業在對外轉帳以及在同戶名不同帳號之間轉帳時都會被收取 0.3% 的預扣稅。經過交涉，雖然一些國家的稅務局最終同意如果企業向其申請了積極納稅人的資格，則可以免除扣稅，但這實際上增加了尋租環節。

第四，帶有利益動機向企業收費的情況嚴重。一些地方政府會依據一些條例，判定在居民區進行商業活動是違章行為，並以此為由開始清理居民區各種商業場所，如飯店、商店等。地方政

府其後將商家引入商業區，而這將增加 25% 左右的費用（電費、稅費等），以及更高的租金。

熟悉當地情況的人介紹稱，雖然地方政府在過去每隔兩年左右會清理一次不符規定使用的房屋，然而最終通過疏通很快就大事化小、小事化了了，但是這次是最嚴厲的一次。我們並不鼓勵商家從事違法違章活動，但由此也可看出該國地方政府目前的這種行為或帶有一些利益動機，中國企業前往海外投資須提防。

簡而言之，我們在調研中發現，中國企業到海外投資，在一些「一帶一路」沿線國家從事經營活動或存在較大的稅務風險。對於這些稅務風險，有的是企業對當地的稅務情況瞭解不夠而交了學費，有的是當地稅務機關之間互相掐架、不認同、不履行從而導致企業無所適從，有的則是企業追隨市場規則，通過尋租減免稅額但後來被追溯。

對此，我們建議，首先，中國企業進行海外投資，要做好充分的稅務調研工作，聘請可靠的稅務顧問，遇到無理稅收或收費問題時要及時向中國政府尋求幫助，甚至訴諸法律。

其次，要推動、鼓勵中國企業更好地「走出去」，中國政府可以考慮在「一帶一路」倡議背景下，建立海外投資收入稅收的減免制度。在「一帶一路」沿線國家範圍內，尤其是對於沿線的重點國家、重點領域和重點項目，針對企業在上述國家、領域和項目的海外投資利潤收入、股息收入、不動產資本利得等，政府可給予免稅或者一定的稅收減免優惠。

最後，要推進「一帶一路」建設，加強中國與「一帶一路」沿線國家的互聯互通，尤其是貿易方面的互聯互通，除了要積極

尋求打破關稅及其他各種貿易壁壘之外，中國政府還可以考慮和「一帶一路」沿線國家共同制定一個稅務方面的「負面清單」，讓包括中國在內的各沿線國家的企業，可根據這份清晰的「負面清單」到東道國投資。

這份稅收「負面清單」，可先從「一帶一路」沿線國家開始實施，經過不斷的完善和改善後，再逐步延展至其他國際經濟合作組織如經濟合作與發展組織（OECD）和 20 國集團（G20）。這不僅是中國積極參與國際規則制定的體現，也將有利於中國與世界各國在貿易方面的互聯互通，為「一帶一路」倡議背景下中國企業更好地「走出去」奠定堅實的基礎。

中國房地產企業積極投身於
「一帶一路」建設有何意義？

中國房地產企業積極投身於「一帶一路」沿線國家建設，打造更多的「一帶一路」精品項目，不僅可以推動「一帶一路」沿線國家的發展，也能給自身的發展和海外業務拓展帶來助推力，同時也進一步推動了「一帶一路」建設。

「一帶一路」國際合作高峰論壇於 2017 年 5 月 14 日在北京召開。這是「一帶一路」倡議提出來以後召開的規模最大、層次最高的一次盛會，不僅受到全球的矚目，也將吸引更多的國家加入「一帶一路」建設的「朋友圈」。在此背景下，中國眾多房地產企業已經或即將前往「一帶一路」沿線國家拓展業務，這不僅推動了沿線國家的發展和「一帶一路」建設，也對企業自身發展有著重大意義。

對於眾多「一帶一路」沿線國家而言，中國房地產企業前往投資，一方面，可以改善該國就業情況。房地產行業背後涉及六七十個關聯產業，只要開始施工，後面數十個關聯產業便會隨

之開始運轉。中國房地產企業到「一帶一路」沿線國家進行地產開發，可產生大量崗位需求，提高當地的就業率，讓當地的民眾直接受惠。

另一方面，可以提升「一帶一路」沿線國家的城市功能。中國房企尤其是大型房企前往沿線國家投資，不僅僅只是蓋房這麼簡單，而是通過自身的資源、經驗、技術和開發模式等，在投資所在國建設與國際水平接軌的大型城市綜合體，從而提升該國城市的綜合承載能力，也為沿線國家提供高標準的基礎設施以及商務、教育、醫療等一體化生活服務配套，進而推動沿線國家的現代化進程。

對於「一帶一路」建設而言，中國房企現已逐漸成為到「一帶一路」沿線國家投資的主力軍之一。大量中國房企前往沿線國家投資，如果能夠打造更多的「一帶一路」精品項目，能夠促進沿線國家的民眾就業、經濟發展、城市現代化，讓沿線國家的民眾感受到實實在在的，甚至是沉甸甸的好處，那麼，不僅沿線國家會更有熱情投入「一帶一路」建設，而且在這種示範效應下，將有更多國家會被吸引到「一帶一路」建設中來。

對於中國房企自身而言，前往「一帶一路」沿線國家投資，至少有以下兩個意義：

第一，有利於推動自身的國際化和多元化發展。房企要保持競爭力，需具備跨國經營和多元化發展的思維，在國際上，不少發達國家、地區的開發商，為避開本國、本地區地產週期的大起大落，紛紛前往外國開拓業務，不僅投資開發房地產，也投資公共事業。例如，國人熟悉的李嘉誠，他除了前往歐洲投資房地產

外，也投資當地的電力、水務、電信、能源等行業。樓市的發展有升有跌，但這種經營模式使得即使在經濟最動盪的時候，公共事業都能夠保持一定的盈利和穩定的回報。

第二，是中國民企在「一帶一路」沿線國家推行「地產+」的好機遇。在互聯網時代，「地產+」是在創新思維的基礎上，更積極尋求「創變」的思維，而不僅僅是創新。「一帶一路」沿線國家對中國房企的投資需求，為中國房企在沿線國家推行「地產+」和創新提供了更加廣闊的天地。

屆時，中國房企的創新，不僅只是停留在技術、管理、產品和團隊上，做一個跟過去不同的要素的疊加而無本質的改變，而是通過對「一帶一路」沿線國家的投資，在商業模式上積極求變，進行「創變」，進行跨界，讓地產業和別的行業有機結合或交叉發展，這樣更有利於推動「地產+」的發展。

當然，筆者也必須指出，中國房地產企業到「一帶一路」沿線國家投資，無論是「地產+」，還是創新，都只是一個術，技術的術。「地產+」和創新未來的王道，還是要把房子蓋好，讓房子的質量一流或者超一流；「地產+」和創新未來的場景，還是要把社區服務水平大幅度提高，讓每一位住戶都能享受到舒適和便利的服務。把人性化放在第一位，時刻以人性的尺度作為衡量的標準，才是「地產+」所應該具備的創新思維。

所謂簡單到極致就是利他，利他到極致就是精品。「一帶一路」框架下，「地產+」的創新和創變思維，要做的就是利他，要做的就是精品。

簡而言之，中國房地產企業積極投身於「一帶一路」沿線國

家建設，打造更多的「一帶一路」精品項目，不僅可以推動「一帶一路」沿線國家的發展，也能給自身的發展和海外業務拓展帶來助推力，同時也進一步推動了「一帶一路」建設。

中國西北地區如何把握
「一帶一路」建設的機遇？

　　西北地區不可坐等「一帶一路」建設機遇從天而降，而需要有新思維、新辦法、新舉措，如此才能更好地通過結合「一帶一路」倡議，巧妙借力發展本地經濟，提高民眾收入。

　　對於古「絲綢之路」沿線的西北地區各省市，「一帶一路」倡議將促進其經濟發展看似不言而喻，然而，由於這些地區大多存在基礎較薄弱的問題，要迅速把握新機遇其實不易。為此，筆者建議西北地區要做「眼保健操」，眼睛除了向上看以外，也要向下看，除了向左看以外，也要向右看。瞳孔不能只放大，還要縮小。

　　簡單用 12 個字來總結，那就是：改思維、尋差異、找重點、防污點。

　　其一，改思維：眼睛除了向上看外，也要向下看。

　　所謂「思維不對，只能受罪；觀念一變，空間無限。」當前，西北地區有關「一帶一路」建設的規劃，主要是「向上看」，向

「絲綢之路經濟帶」沿線國家和地區看。西北地區在「向上看」，和中亞國家加強互聯互通的同時，也應該「向下看」，加強和中國南方省份及「21世紀海上絲綢之路」沿線國家的合作。

「絲綢之路經濟帶」絕不僅僅是西北省份的事情，正如「21世紀海上絲綢之路」的發展僅依靠廣西、雲南之力是難以推動的一樣，因為廣西、雲南的帶動力明顯不夠強。「21世紀海上絲綢之路」的發展僅靠少數重點地區會心有餘而力不足，因此需要全國其他地區的「合力」推動。

同理，「絲綢之路經濟帶」也需要合力。它不僅僅是新疆、青海、陝西等西北地區省份的事情，而且需要東南沿海一帶地區的合力。我們根據調研發現，中亞很多國家的興趣並不僅在中國的西北地區，更是在中國富裕的東南沿海地區。

而且，「絲綢之路經濟帶」的目的，除了要加強與沿線國家的互聯互通之外，還有一個更重要的目的是謀求西北地區的發展，而西北地區如青海、寧夏、甘肅等的發展所需的資源、機遇和市場，並不僅在中亞國家，更多的是在中國東南沿海省份。西北地區尤其是青海、寧夏等省份要成為「絲綢之路經濟帶」的支撐點，相信其最終目的是希望爭取更多的國家優惠政策，吸引包括中國東南沿海省份及其他富裕國家、地區的投資，以推動本地的經濟發展，提高民眾收入。

因此，一方面，西北地區應該考慮如何利用自身的優勢，做好中亞國家和中國東南沿海省份「仲介人」「聯繫人」的角色，同時加強和中國東南沿海省份的聯繫。另一方面，西北地區也應該考慮如何參與「21世紀海上絲綢之路」建設，尤其是如何加強

與中東、東南亞的伊斯蘭國家的合作。

其二，尋差異：眼睛除了向左看以外，也要向右看。

中國新疆、甘肅、青海、陝西、寧夏西北五省區，均以成為「絲綢之路經濟帶」支撐點、門戶作為發展目標。目前，五省區中除了陝西、新疆的綜合實力稍強之外，甘肅、青海、寧夏的實力基本相當，所規劃的內容也大多集中在旅遊、農牧業和能源利用這幾個領域，存在雷同的情況。

因此，西北各省區要想在西北地區中突圍而出，在制定規劃的時候，眼睛除了向左看以外，也要向右看，看看周邊省份規劃的重點。這種做法除了能夠避免不必要的惡性競爭和低水平重複建設之外，也有助於西北五省區的區域協調發展，以此突出本地區的比較優勢。

其三，防污點：瞳孔不能只放大，還要縮小。

相比東南沿海省份，西北地區的經濟底子、產業基礎相對比較弱，人才也比較缺乏。西北地區在吸引這些產業、人才前來的同時，也要緊盯一些污染產業，防止它們前來破壞生態平衡，要注重加強生態文明建設。

畢竟，不少西北地區的省份如青海，其最大的價值在生態，最大的責任在生態，最大的潛力也在生態。西北地區要發展，應慎重考慮對一些落後、高污染的產業引入，不以犧牲生態環境為發展的代價。

簡而言之，西北地區不可坐等「一帶一路」建設機遇從天而降，而需要有新思維、新辦法、新舉措，如此才能更好地通過結合「一帶一路」倡議，巧妙借力發展本地經濟，提高民眾收入。

港商參與「一帶一路」建設
為何須把握三原則？

　　香港只有緊緊把握「一帶一路」建設的發展大潮流，以及世界經濟最新的需求，才能在「一帶一路」建設浪潮中分得一杯羹，同時發揮自身獨有的角色。

　　「一帶一路」國際合作高峰論壇於 2017 年 5 月 14 日至 15 日在北京舉行，有包括俄羅斯總統普京在內的超過 20 個國家及地區的領導人參與。由於「一帶一路」建設是中國首倡的國際合作倡議，「一帶一路」國際合作高峰論壇又是在北京首次舉辦，因此這次論壇是中國 2017 年非常重要的一場國際論壇，其產生的影響也將十分深遠。

　　本次高峰論壇的主題是「加強國際合作，共建『一帶一路』，實現共贏發展」。與會人士將在政策溝通、設施聯通、貿易暢通、資金融通、民心相通這五個互聯互通的主線之下，探討「一帶一路」沿線各國如何加強政策和發展戰略對接，深化夥伴關係，以及沿線各國如何推進互聯互通務實合作，實現聯動發展。

中國舉辦此次高峰論壇，對外是希望以基礎設施互聯互通、產能合作、經貿產業合作區為抓手，實施一批示範性項目，讓「一帶一路」沿線國家不斷有實實在在的獲得感，獲得實實在在的經濟利益。對內而言，則是希望「一帶一路」建設同京津冀協同發展、長江經濟帶發展等國家戰略的對接，同西部大開發、東北振興、中部崛起、東部率先發展、沿邊開發開放的結合，能夠帶動形成全方位開放、東中西部聯動發展的局面。

對香港而言，「一帶一路」國際合作高峰論壇所涉及的新區域以及帶來的新機遇，值得其緊緊把握住。

關注「兩洋鐵路」項目

一方面，「一帶一路」地域和國別範圍是開放的，源於但不限於古絲綢之路。因此，「一帶一路」沿線不再是 64 個國家和地區，只要是認可「一帶一路」五個互聯互通理念的國家、國際組織、跨國公司、金融機構和非政府組織，均可參與「一帶一路」建設。目前，已經有超過 100 個國家、地區和國際經濟組織，明確表態願意加入其中，這為香港深入參與「一帶一路」建設提供了更大的一片天地。

另一方面，不管是「一帶一路」沿線各國的基建互聯互通、產業投資、能源資源開發與合作，還是中國內地「一帶一路」建設與西部大開發、東北振興等戰略的聯動發展，均需要巨額資金支持。要做到這些，需要創新國際化的融資模式，打造多層次的金融平臺，建立服務「一帶一路」建設和中國全方位開放的長期、穩定、可持續、風險可控的金融保障體系。作為國際金融中心之一的香港，對此可以發揮重要作用。

從香港目前可參與的項目來看，橫跨大西洋和太平洋，連接巴西、秘魯的長達 5,000 千米的超長鐵路「兩洋鐵路」將很快開工。

「兩洋鐵路」項目一旦建成，可連接太平洋和大西洋的陸上通道，將打破巴拿馬運河的跨洋物流壟斷地位，推動拉美國家交通網路發展，降低物流成本，促進拉美國家融入亞太經濟圈，加快太平洋兩岸互聯互通，對全球運輸和貿易格局將產生深遠影響。

按照現有「兩洋鐵路」項目方案，鐵路建成或需要超過 600 億美元的龐大資金，香港金融業可考慮通過專項貸款、優惠貸款、合作基金、共同融資等方式，拓展與拉美國家在該項目的金融領域合作，通過創新金融合作機制，設計符合市場化條件下的有競爭力的融資條件，以此營造多贏局面。

此外，隨著「兩洋鐵路」的修建，有可能形成「兩洋鐵路經濟走廊」，在鐵路沿線的各站點，都有利於港商前往進行房地產開發、產業園區開發以及投資設廠，這些商機也值得港商重視和留意。

把握「C. I. D.」參與原則

港商要結合「一帶一路」建設進軍拉美國家，需要把握「C. I. D.（Capacity, Intention, Demand）」原則。首先，港商需要明白自身的實力（Capacity）在哪裡，如此才能揚長避短。其次，港商需要有明確的意圖（Intention），如此才能堅定投資拉美國家的信心。最後，港商需要瞭解拉美國家的需求（Demand），如此才能有針對性。

特區政府也應考慮進一步出抬支持港商投資拉美國家的措施。一是提供信息支持，為港商提供投資潛在國整體投資環境及個體產業狀況等數據；二是提供後援支持，對於那些資金、技術較為缺乏的中小企業，特區政府可考慮設置專門的支持計劃，不僅提供資金及各種實質協助，也提供投資前市場調查等補助，務求全方位協助港商走出去，到拉美國家投資。

　　簡而言之，「一帶一路」國際合作高峰論壇並非僅是一個論壇這麼簡單，論壇的召開將把「一帶一路」建設推向一個新的階段。過去幾年全球經濟欲振乏力，如今，全球市場對增長充滿了渴望，包括拉美國家在內的全球經濟引擎，也已開始從「不確定」（Uncertainty），換至「渴望加速」（Pro-Growth Agenda）的檔位。在此趨勢下，香港只有緊緊把握「一帶一路」的發展大潮流以及世界經濟最新的需求，才能在「一帶一路」建設浪潮中分得一杯羹，同時發揮自身獨有的角色，為「一帶一路」建設貢獻力量。

「一帶一路」建設需要哪些人才？

在人才普遍成為稀缺資源的今天，地方政府要通過引進國際人才來推進「一帶一路」建設，必須拋棄過往的舊思維，在如何吸引人才、培育人才方面下功夫。人才的引進，有助於吸引資源和資金的流入，地方政府對其充分利用後，甚至能與其他資源豐富的地區競爭。

「一帶一路」倡議提出了「五通」的要求——政策溝通、設施聯通、貿易暢通、資金融通以及民心相通。想達到其中任何一項目標，擁有合適的人才是關鍵。地方政府要加速融入「一帶一路」建設，推動地方企業成功「走出去」，到海外投資，首先要解決的也是如何推進人才建設，吸引國際人才前來參與「一帶一路」建設。

中國香港和新加坡等地區、國家建設國際金融中心的經驗是，國際化的人才絕不僅僅是外語人才。當前，大多數地區更缺乏的是具有國際視野、國際工作背景以及國際金融、國際法律、國際會計、國際貿易知識的領軍型、領導型綜合人才。企業想要

「走出去」，尤其需要既懂外語，更懂管理、懂金融、懂國際市場的領導型領導。

一旦缺乏這種人才，企業到外國投資時，往往會缺少實際操作方面的領軍人物，在經營的時候會遇到不少難題。如果一家公司的負責人、核心團隊成員缺乏國際化的視野、國際化的思維、國際化的工作歷練，卻想把企業推向國際市場，可想而知其可能要交不少學費。

在「一帶一路」背景下，地方政府吸引國際人才的戰略應避免三大誤區。

首先，僅以高薪來吸引國際人才的思路在很多時候是不正確的。如果國際人才都因為工資而流動的話，那麼他們都只會聚集在大企業以及富裕的國家和地區，而不會選擇中小企業以及新興國家和地區。如此，小企業如何變成大企業？新興國家又如何變成發達國家？

在一些發達國家和地區，有一類高端人才，他們有的是早年創業賺了一大筆錢之後，過著半退休狀態的生活，有的則是從一些國際跨國企業退下來的高級經理人。這些人很多年紀不算太大，手中也不那麼差錢，又有豐富的企業經營經驗、管理經驗，或者擁有非常豐富的專業技術底子。這些國際人才在決定要不要為企業、為政府所用時，考慮得更多的是政府和企業能不能提供足夠大的舞臺，能不能給予他們足夠的信任。

有了舞臺和信任之後，想要長久地吸引和留住人才，則要在他們工作的區域範圍內，建立一個符合國際規範的工作環境和文化，以避免出現全球化和本土化相衝突的情況。符合國際人才生

存和發展的工作環境和文化能夠不斷地吸引人才，並促使他們為共同的理念付出自己，從而形成一個以強大文化支撐的、良性的、不斷循環的生態系統。

其次，地方政府和企業不應只注重頂尖國際人才，而忽略本身已經具備一定業務能力和經驗的「中熟人才」。對於這些「中熟人才」的關注重點，不應只放在他們的技術能力上，更重要的是要關注他們渴望往再上一步、渴望做出成績的心願。一旦他們擁有這樣的目標，同時保持著中熟人才的彈性適應力，他們就是政府、企業最需要的，能夠嫁接新、舊生命的新能力。我們必須懂得利用中熟人才的彈性和適應力，利用他們的優勢以融合新、舊人才，這樣才能建設起最有效率和行動力的團隊。因此，啟用「中熟人才」，現也日益成為眾多國家、地區和企業的共識了。

最後，任何時候都不要忽略培養本土人才。訓練人才永遠比尋找人才更為重要，但是，忽略培養本地人才，在中小企業非常普遍。不少企業還停留在家族企業的層次；對家族、私人利益的興趣，遠大於對人才的培育；要求忠誠更甚於專業；就算是挖了一些國際人才來，也是內圈、外圈分明。這樣的企業到底是缺國際人才，還是根本無心培養人才甚至排斥人才？企業會不會有長久的競爭力？我相信各位讀者應該有答案。

世界的變化非常快，大部分人其實並不容易真正做到「與時俱進」，人的潛能更是難以被重塑，有時優秀的人才同樣會出現「水土不服」的情況。本土人才，尤其是年輕人才不僅比較廉價，可塑性也比較高，他們會比外來人才、有經驗的人才進步更大、更快。

我認為，地方政府在推進「一帶一路」建設中，要想進一步吸引國際人才，可以實施以下三個策略。

第一，要整合地方的產、官、學、錢。地方政府要吸引國際人才，留住國際人才，發揮國際人才的力量，可考慮設立「一帶一路」智慧園區，由「四大主體」（政府、專家、企業和媒體）組成。地方政府將四大主體的資源整合，並引進國內外創投基金投資相關的產業、產品，活絡相關產業在國內的發展經脈，推動相關產業走向拓展全球之路，並以此拉動地方的產業走向國際市場。

第二，可考慮成立人才公司，推行「第二個國家」計劃。不少地方政府在吸引人才的措施上，都會推出減免賦稅措施，以及加強醫療、教育等。我認為，各地政府也可參考馬來西亞對外國人才推出的「我的第二故鄉──馬來西亞」（MM2H），即外國人可在當地購房，並享有最高達九成的貸款，定期存款利息免稅，可攜帶一名家庭幫傭，且在申請核准後，外國人可自由出入馬來西亞，無須住在當地。據馬來西亞旅遊部統計，MM2H 自 2002 年開辦以來，接近 1 萬名外國人才進入馬來西亞。

第三，提升地方的國際形象。一個城市的美好的形象，對於國際人才來說，是很有吸引力的。地方政府任何時候都不要忘記提高傳播技巧，維護、提升當地城市形象。同時，地方政府在傳播中盡量不要使用傳統的「講道理」的生硬方法，而是要靈活調動各種媒介手段，讓城市的形象與民眾和諧、幸福的日常生活結合在一起，這樣也更符合國際高端人才的價值觀。

在人才普遍成為稀缺資源的今天，地方政府要通過引進國際

人才來推進「一帶一路」建設，必須拋棄過往的舊思維，在如何吸引人才、培育人才方面下功夫。在當今的國際競爭大格局中，人才的地位極其關鍵與微妙。如果某地只是擁有資源或資金，反而容易吸引其他競爭者來爭奪資源、資金。相反，即使是缺乏資源的地區，只要擁有人才，也能吸引資源和資金的流入，充分加以利用後，甚至能與其他資源豐富的地區競爭。這樣的例子在當今世界已比比皆是。

教育合作對「一帶一路」建設有何重要性？

「一帶一路」建設所能帶來的最直接、最顯著的影響將通過教育合作來實現，尤其是通過中國對「一帶一路」沿線國家學生提供優質教育來實現。

「一帶一路」國際合作高峰論壇於2017年5月14日在北京召開，國內外輿論大多聚焦在基礎設施建設、國際產能合作、金融創新合作和生態環保合作等領域，卻忽略了一個非常重要的領域，那就是教育合作領域。

「一帶一路」框架下，教育合作之所以非常重要，是因為有些產業合作的回報，是以月作單位，或是以年作單位，時間長的可能是以十年作單位，唯獨教育合作的「回報」是以數十年甚至百年作單位。而且，「一帶一路」建設所能帶來的最直接、最顯著的影響將通過教育合作來實現，尤其是通過中國對「一帶一路」沿線國家學生提供優質教育來實現。

中國國家主席習近平於2017年5月14日在「一帶一路」國

際合作高峰論壇的發言中，令在現場出席論壇的筆者印象深刻的是以下一段話：要建立多層次人文合作機制，搭建更多合作平臺，開闢更多合作渠道。要推動教育合作，擴大互派留學生規模，提升合作辦學水平。習近平還提到，將在未來5年內安排2,500人次青年科學家來華從事短期科研工作，培訓5,000人次科學技術和管理人員，投入運行50家聯合實驗室。

這表明，中國政府未來要進一步促進習主席一再強調的「民心相通」，促使更多國家更積極地響應和參與「一帶一路」建設，通過推行教育合作就是一個可行的、重要的和上佳的措施。

其一，教育合作可以為「一帶一路」建設吸納全球人才。提供優質教育可吸納全球人才有成功事例可借鑑，例如，美國以其教育體系來培育全世界最好的學生而成為20世紀世界第一大經濟體。世界上大多數國家，無論大小，其人才儲備基本都來源於國民，然而美國卻可以從全世界70多億的人口中招募人才。

歡迎世界各地的人才前往美國就學實際上是一箭雙雕的行為。一方面，有才華的外國人可以對美國的歷史、文化、生活方式有更加深刻和全面的瞭解；另一方面，這種做法實際上也使得美國人民能夠更加理解和欣賞不同國家的文明。正是這種跨文化的傳播與交流使美國在20世紀變得如此成功。

這是廣泛適用的原則，對於美國是這樣，對於中國也是如此。中國可以通過吸引留學生來華就讀，以及到「一帶一路」沿線國家辦高等教育、中等技術教育的方式，從全球70多億人口中為「一帶一路」建設培養、招募人才。

其二，教育合作有利於增進中國與「一帶一路」沿線國家的

瞭解和交流。要瞭解沿線國家民眾的所求、沿線國家發展的所需，為沿線國家的經濟發展、社會進步提供中國的智慧、中國的方案，中國除了繼續主動去理解來自不同文化、歷史以及不同生活方式的沿線國家民眾的各類需求之外，未來還應主動吸收大批沿線國家的學生前往中國留學。對於這些前來攻讀各行各業的學位（學士、碩士、博士等）的沿線國家留學生，此舉有助於中國瞭解他們的所求、所需，以及他們的優勢和劣勢。此外，從這些留學生的身上，中國還能發現自己的長處和短處，取長補短，從而更好地為「一帶一路」沿線國家的經濟、社會發展提出更佳的中國方案。

其三，教育合作可以為「一帶一路」沿線國家培養熟悉中國事務的人才。中國是世界第二大經濟體，也是「一帶一路」沿線國家的主要投資國，沿線國家的留學生只有更多地瞭解中國的經濟運行情況、中國的歷史文化、中國的社會發展歷程等，才能更加瞭解中國成功的經濟發展經驗，在參與「一帶一路」建設中才能進一步理解中國投資者的思維和項目操作手法，並將其在中國留學所學的知識更好地投入到本國的發展和「一帶一路」建設中去。

只有這種既懂中國發展模式，又熟知本國情況的人才，才有希望成為政治人才、商界領袖。這既為「一帶一路」建設培養了高質量人才，也為「一帶一路」沿線國家培養了自己的政治人才、商界領袖，可謂一舉多得。

因此，早在「一帶一路」倡議提出之前，中國政府已大力吸納優秀的外國留學生到中國高等院校進修。「一帶一路」倡議提

出之後，這項舉措明顯在加快進度。據統計，截至 2016 年年底，有來自各國的近 40 萬的留學生在中國的 80 多所高校學習，尤其令人興奮的是，其中約 21 萬的留學生來自「一帶一路」沿線國家。不少中國高校也已為來自「一帶一路」沿線國家的留學生設置了專門獎學金，以此吸引更多沿線國家的學生前來就讀。

在「一帶一路」國際合作高峰論壇召開之後，相信中國的教育部門將會繼續加大推進力度，拓展教育合作。

其一，與國際組織進行教育合作。中國未來將和國際組織交換新簽署的合作備忘錄和學歷互認協議，如和聯合國教科文組織合作，推動中國一些院校獲取聯合國教科文組織的教席地位，與聯合國教科文組織共同頒發學歷證書，為「一帶一路」沿線國家培養擁有國際視野、中國經驗的複合型人才。

其二，推動更多高校赴海外辦學。目前，已有中國高校赴馬來西亞、英國等國辦學，中國未來將與「一帶一路」沿線國家簽署更多的教育合作和學歷互認協議，推動更多中國高校，甚至是符合要求的中國企業前往「一帶一路」沿線國家辦學。與此同時，相信未來也會有更多國家將其優質教育資源帶到中國，合作辦學，以此互學互鑒、互利共贏。

對此，我們深信，中國高校通過大量招收「一帶一路」沿線國家和其他地區的頂尖人才前來就讀，無論是對於「一帶一路」建設、對於中國和沿線國家而言，還是對於與教育相關的產業而言，毫無疑問都具有深遠的影響。

引進菲傭是否可增進中菲的合作？

菲律賓總統杜特爾特曾表達過菲律賓想要加入「一帶一路」建設的迫切願望。中國若引進菲傭，可促進兩國民眾的相互瞭解，有助於中、菲兩國的民心相通，為未來兩國的進一步合作奠定堅實的基礎。

菲律賓總統杜特爾特於 2016 年年底展開了訪華之旅，隨行的逾 400 名商人希望能與中國政府和企業在建築、旅遊、農業、電力、工業和高鐵等領域展開合作。

這批由菲律賓大小企業組成的商業代表團對中國的要求不少。不過，對於很多中國民眾而言，他們也有要求，那就是對菲律賓傭人（簡稱菲傭）有需求，希望兩國能夠開放相關政策，讓菲傭合法前來中國工作。目前，中國法律法規並不允許外籍人員受聘從事家政服務，但近年來仍有不少菲傭進入中國內地非法工作。一項未被證實的數據顯示，目前中國內地的菲傭人數雖不少於 10 萬，但遠遠不能滿足需求。

為何菲傭如此受一些中國雇主的歡迎？我認為主要有三點原

因：一是顯示身分階層的心理。不少人認為購買奢侈品顯示身分已過時，聘用「傭人」才是新的身分象徵。二是菲傭素質較高。要到海外工作，菲律賓女傭需要大學畢業，而且受過專業的家政培訓。對於不少中國高收入家庭而言，菲傭上過大學、會說英語、較有禮貌，在做家務之餘還能教導子女學習英語，可謂一舉兩得。三是中國不少保姆「難伺候」。在中國，保姆的工資增長幅度遠遠超過其他行業，幾乎每年漲一倍，而且加上管吃管住，部分保姆的收入已超過白領。還有就是一些保姆賺得比菲傭多，但職業素養卻比菲傭差一大截，驕嬌二氣很重。相比之下，菲傭確有不少優勝之處。

我認為，引進菲傭長遠而言對社會及經濟亦有幫助。最大效果是中國女性可減少做家務、帶小孩、照顧老人的時間，把更多精力和時間放在工作上，通過釋放中國女性的生產力，拉動經濟的增長。

這是因為，知識經濟時代來臨後，隨著全球產業結構的調整、信息科技的革新、教育程度的提升尤其是服務業的興起，女性對經濟增長的作用大幅提升。在中國這個仍以男性勞動力為主的國家，女性勞動力對中國國內生產總值的貢獻也已接近50%。而在不少歐美國家，女性對國內生產總值的貢獻已在60%左右。在女性角色對經濟的發展越來越重要的情況下，更加要發揮女性的優勢，提高女性的生產力，這有助於一國經濟穩定、持續、健康地發展。

即使女性不將這些時間用在工作上，而是用在消費上，對經濟也是有促進作用的。過去我曾在多個場合提及，在全球各國，

職業女性消費能力普遍比男性高，而且在家庭中，購物選擇也多數由女性決定。西方有本暢銷書《女人不容小覷》（Why Women Mean Business），作者阿維娃・維滕貝格・考克斯（Avivah Wittenberg-Cox）研究發現，和男性相比，女性做出的購買決策高達80%，這不僅包括購買日常用品、衣物、電器或化妝品等消費小項，還包括買房、買車和投資金融產品等消費大項。例如，在日本，有2/3的購車決定權在女性。因此，如果女性有更多時間消費，將可提升消費總量，增加內需，進而拉動經濟發展。

此外，菲律賓總統杜特爾特曾表達過菲律賓想要加入「一帶一路」建設的迫切願望。中國若引進菲傭，可促進兩國民眾的相互瞭解，有助於中、菲兩國的民心相通，為未來兩國的進一步合作奠定堅實的基礎。

目前，只有廣東、上海等少數幾個省市允許外籍與港澳臺人才家庭聘請外籍家政服務人員。我建議可將該政策的範圍擴大到一線城市、省會城市以及一些副省會城市試行，並將外籍與港澳臺人才家庭擴大至這些城市的本地家庭，期限可定為3年，以觀成效，3年後再決定是否繼續實施這一政策。

當然，不能否認的是，中國要引進菲傭，還面臨如下幾個問題。

其一，菲律賓或將逐步減少傭工的輸出。菲律賓之所以在20世紀70年代大量輸出傭工，是因為該國當時失業率高、經濟條件差，大量輸出勞動力能夠賺取外匯。2015年，菲律賓外國勞動力匯款達285億美元，占該國全年國內生產總值的10%。但是，隨著近年來菲律賓經濟狀況的好轉，國內就業機會增多，不少菲傭

不願再背井離鄉前往海外工作，就算願意出國，也是以薪金高、工時短的中東國家、加拿大及歐洲國家作為首選。

其二，文化差異問題需要解決。菲傭的語言主要是英語，與他們交流需要有較強的英語口語能力，這對中國不少家庭而言是一個難題。另外，在飲食習慣方面，菲傭多偏好甜食，連炒菜、喝水都喜歡加糖，口味相對也比較重，炒菜方面用油也比較多，不大符合中國不少民眾「少油、少鹽、少糖」的健康飲食習慣。

其三，中國全面開放菲傭政策難度較大。家政是非技術性的服務工種，中國作為人口大國，本身存在勞動力過剩的問題，允許外國勞動力流入中國家政市場，將會衝擊中國保姆、月嫂的就業機會，容易引發社會問題。但若不放開政策，非法進入中國工作的菲傭只會越來越多，最後仍然會引發家政市場的就業問題。

簡而言之，引進菲傭的好處很明顯，但引進菲傭所帶來的弊端也很明顯，該如何平衡這一問題，找到各方均能接受的解決方案，需要社會各界更多的探討。

「一帶一路」建設下，中國和歐洲的合作為何這麼難？

歐洲議會拒絕承認中國的市場經濟地位，一方面是冀望繼續揮舞貿易制裁大棒，以捍衛本國產業免受來自中國的衝擊；另一方面，則是對與中國的合作，雖上心，但並非十分用心，在誠心上也尚有欠缺。

筆者曾在多個場合談及，「一帶一路」建設不是中國的「獨角戲」，而是與世界各國的「大合唱」。尤其是在當前全球經濟仍疲弱且面臨下行壓力的情況下，中國首度提出「第三方市場合作」，與歐洲多國優勢互補，進行聯合投標、聯合生產以及聯合投資等新型合作，並在尊重第三方國家（通常是發展中國家）意願的前提下，推動第三方國家的發展，可以實現三方互利共贏。

中國與歐洲國家的「第三方市場合作」，不僅是中國與歐洲雙邊合作模式的新突破，也是國際合作模式新的探索，有利於助力「一帶一路」建設和國際產能合作。

與中國相比，歐洲國家在不少「一帶一路」沿線國家都有殖

民地時代的歷史淵源，對當地瞭解甚深，人脈豐富且有豐富的營運、管理經驗。此外，共同進行「第三方市場合作」也有利於分攤投資風險，減少中國與歐洲國家在「一帶一路」沿線國家獨立投資時可能出現的對抗，增加雙方對沖、合作的空間，培育新的經濟增長點。

「第三方市場」要發展經濟、轉型升級，也需要來自中國的價格相對低廉的產品、中高端製造能力，以及來自歐洲的高端技術、先進理念。如果能夠吸引中國和歐洲合力投資，對「第三方市場」則是更佳的選擇。在這樣的願景之下，中國已和法國、英國、西班牙、德國等歐洲國家，以及韓國、澳大利亞等亞太國家就共同開拓第三方市場達成重要共識。

當然，我們也必須清晰地看到，中國與歐洲國家展開「第三方市場合作」，可能還會遇到一些阻礙，並非完全一帆風順。例如，在美國力阻中國獲得市場經濟地位之後，歐洲議會近日也以壓倒性票數通過決議，拒絕承認中國的市場經濟地位，並呼籲歐盟對中國採取反傾銷措施。歐洲議會此舉，一方面是冀望繼續揮舞貿易制裁大棒，以捍衛本國產業免受來自中國的衝擊。另一方面則是對與中國的合作，雖上心，但並非十分用心，在誠心上也尚有欠缺，當中固然有其原因。

其一，歐洲當前困境，非中國資金可解決。歐洲的量化寬鬆政策，只有更量寬，沒有最量寬，但困擾歐洲經濟的主要因素並非是「差錢」，而是「差人」。

希臘、葡萄牙、西班牙和愛爾蘭等歐洲國家爆發債務危機，經濟停滯不前，根源在於這幾個國家與其他歐元區國家的單位勞

動成本之間存在巨大差異，由此帶來風險溢價（Risk Premium）問題，導致勞動力不斷向外出走，大量資本也向安全國家外逃。這無疑將嚴重損害經濟，而經濟受挫會導致政府稅收減少、財政收入下降，政府收入減少後，就會削減政府的支出和投資，反過來又進一步衝擊經濟。因此，要解決歐洲面臨的困境，不僅需要資金，更需要人才，而中國目前在對歐輸送人才方面，暫時無法滿足歐洲所需。

其二，不少歐洲廠商基於生存考慮，無奈撤離中國。中國與歐洲國家展開「第三方市場合作」，本意之一是推動已在中國設廠的歐洲企業，共同開發「一帶一路」沿線國家市場，從而讓歐洲企業繼續留在中國投資、發展。這一願景從長期來看很好，但中短期吸引力較小。歐洲企業要留在中國，需要克服不少難關。

例如，不少歐洲企業前往中國投資設廠，均涉及槓桿，也就是花 10 元的本金，在中國做 30 元甚至 50 元以上的生意。基於對中國基本面如國內生產總值未來持續 7% 以下的增速、人民幣匯率下跌和成本不斷上漲等的考慮，再加上槓桿因素，歐洲企業選擇暫離中國或減少在中國的投資，而前往經濟增速更快的國家和地區投資，已成為權宜之計。

在這種情況下，中國要與歐洲國家展開「第三方市場合作」，促使更多歐洲企業繼續在中國投資，需要更強有力的誘因，至少要讓這些企業相信，繼續留在中國能夠渡過生存難關。只有解決了生存問題，這些企業才會有餘力去尋求合作和發展。

其三，歐洲對與美國的《跨大西洋貿易與投資夥伴關係協定》（TTIP）合作興趣更為濃烈。由於文化上的差異，歐洲人的

觀念和做事方式，和中國人不大一樣。我們中國人做事喜歡隨機應變，較少有機械式和決定論式，事情的結果往往是各種因素和力量匯聚之後的產物。而歐洲人比較「一根筋」，他們會先明確目標，接著再制訂實現這一目標的計劃，然後朝向目標前進。

在歐洲人的這種理念下，美國的 TTIP 會比較符合歐洲人的口味，因為他們更能看到實實在在的利益。世界貿易組織（WTO）、倫敦經濟政策研究中心（CEPR）的一項研究顯示，如果 TTIP 能成事，美、歐將會成為全球產值最大的自由貿易區，屆時，歐盟對美國的出口將會再增長 28%，也就是歐盟每年將額外賺取 1,870 億歐元的外匯，而美國對歐洲的投資總額，將是其對所有亞洲國家投資總額的 3 倍，並將為歐洲創造約 1,500 萬個工作機會。

對此，中國未來要與歐洲國家進一步展開「第三方市場合作」，除了找尋歐洲所需、中國所長的結合點之外，也須考慮歐洲人的處事方式，既要提出長期願景，也要拿出中短期可爭取到的實實在在的成果，以此爭取與歐洲國家更深入的合作。

同時，除了國外版的「第三方市場合作」之外，中國政府還可考慮深化國內版的「第三方市場合作」──由於中小企業生產效率相對較低、技術研發實力不足的特點，可以推動大企業帶動中小企業，小企業撬動大中企業的合作模式，共同創新、聯動發展，抱團出海。這不但有助於解決產能合作、轉型升級的問題，也能從基礎上推進「一帶一路」建設。

英國脫歐對「一帶一路」建設是壞事嗎？

　　英國要脫歐了！這對亞洲、對中國、對「一帶一路」倡議有何影響呢？實際上影響也並不太大。其一，對經濟的影響不大。其二，對中國的影響反而是正面的。更重要的是，如果英國脫離「組織」，出來「單干」，會促使英國更加傾向於和中國展開更寬領域的合作。

　　英國已經啓動了脫歐程序，這對亞洲、對中國、對「一帶一路」倡議有何影響呢？我認為影響並不太大，原因如下。

　　其一，對經濟的影響不大。英國脫歐對亞洲經濟的直接衝擊非常有限。有研究報告認為，柬埔寨、越南與中國香港等對英國市場依賴度較高的經濟體，其對英出口的國內生產總值占比也低於6%，而整個亞洲對英國的出口僅占區域生產總值的不到1%。可以說，中國打個噴嚏對亞洲的影響，可能都比英國脫歐對亞洲的影響大。

　　唯一影響比較大的是可能會衝擊亞洲國家的貨幣匯率。英國

如果脫歐成功,將造成英鎊嚴重貶值,而這將引發停留在亞洲的資金撤資避險,從而導致部分亞洲國家大量資本外流,本國貨幣匯率出現貶值。按以往的經驗,屆時馬來西亞幣與印度尼西亞盾受創的程度會最大。

其二,對中國的影響反而是正面的。與經濟情況不佳且負債嚴重的希臘要脫歐不同,英國脫歐,更可能是為甩掉「包袱」,輕裝上陣。英國近年來的經濟表現較大多數歐盟國家都要好,例如,最新的國內生產總值數據顯示,英國國內生產總值年增速為2%,而歐盟則為1.7%。此外,英國每年要給歐盟上交數十億英鎊的「會費」,且不少經濟政策、金融政策受到歐盟掣肘,既交錢又不自在,脫歐或許能夠更加利己。

尤其是在金融領域,英國金融業受到歐盟的諸多制約,說不定可因脫歐而得到鬆綁。近年來,英國和中國的合作不斷加強,英國發行了全球首批西方國家人民幣主權債券,而中國人民銀行也在2015年國家主席習近平訪英期間,首次在倫敦發行了50億元人民幣央票。而且,隨著人民幣國際化步伐加快,倫敦這個全球最大的外匯交易中心,無疑是一個最佳的平臺。

在這種情況下,英國若脫歐,反而更能加強和中國在金融領域的進一步合作,這也符合「一帶一路」政策溝通,尤其是資金融通的理念。

更重要的是,如果英國脫離「組織」,出來「單干」,會促使英國更加傾向於和中國展開更寬領域的合作。畢竟,一個曾經當過世界「一哥」的人,更懂得今天「二哥」想要追求進步的心態,這容易讓中、英雙方在很多理念、領域上一拍即合。

「一帶一路」建設中中國與中亞國家該如何合作？

中國可以考慮與上海合作組織成員國和歐亞經濟聯盟的成員國，簽訂自貿協議，如果該協議成功簽署，全球有近一半的人口將受惠該自貿協議，有利於推動「一帶一路」的「五通」。

從 2016 年年初以來，我曾到西北地區的幾個省份參加「一帶一路」會議以及講學，看到西北地區的企業、民眾對和「絲綢之路經濟帶」沿線國家，尤其是中亞國家合作的興趣特別濃。我也同樣認為，中國西北地區未來和中亞國家合作的前景是光明的，但與此同時，我們也需要瞭解中亞國家的最新情況，以及他們對中國「一帶一路」建設的需求。

在經濟領域，過去 10 年國際油價向好的時候，中亞國家經濟增長迅速，而隨著近兩三年國際油價大幅「跳水」，中亞國家經濟受到較大衝擊，經濟增長停滯，貨幣貶值嚴重，物價大幅上漲，部分國家甚至要花費逾半外匯儲備才能防止匯率的快速下滑。

此外，中亞國家的外勞市場也遭遇了重大衝擊。不少中亞國家以往依靠輸出大量勞動力前往俄羅斯打工以獲取收入，但隨著俄羅斯經濟的惡化，這些外勞的薪資水平普遍下滑，部分外勞更面臨著失業的困境。部分中亞國家的國內生產總值中，有10%～45%是來自於國外打工者的匯款，這部分收入減少之後，不僅影響了經濟的表現，還造成了負面循環。

在政治領域，由於經濟前景不明朗，失業情況湧現，中亞國家爆發多起示威活動，官方需要動用武力驅趕，這嚴重影響了國內的政治穩定。同時，部分國家仍有「亦官亦商」等情況出現，貧富懸殊也比較大，導致民怨沸騰。

此外，中亞國家除了希望和中國加強合作之外，也同時在和美國、歐洲、日本等加強合作。例如，中亞五國與美國建立「C5+1」（「中亞五國+美國」）框架，哈薩克斯坦和歐盟簽訂了《擴大夥伴關係與合作協定》，日本和印度首相也先後對中亞五國進行訪問，開始加強與該地區的合作、聯繫。

在上述這些新情況下，除了基礎設施建設領域的合作之外，「一帶一路」建設下中亞國家對中國有何迫切需求，中國未來與中亞國家又在哪些領域可以加強合作呢？我認為應該至少有以下兩個方面的合作。

一是展開自貿區的合作。中國可以考慮與上海合作組織成員國和歐亞經濟聯盟的成員國，簽訂自貿協議，如果該協議簽署成功，全球有近一半的人口將受惠。這有利於推動「一帶一路」的「五通」（政策溝通、設施聯通、貿易暢通、資金融通和民心相通）建設，也有利於促進中亞國家的經濟發展和政治穩定。

二是展開金融領域的合作。中國和中亞國家除了展開本幣互換合作之外，也應考慮在未來加強深層次的金融合作。例如，哈薩克斯坦準備打造「阿斯塔納國際金融中心」，中國可以在互聯網金融、金融仲介、大數據和先進金融技術等領域，和哈薩克斯坦展開深入合作。

中國也可以考慮仿照日本和緬甸在仰光共同創建證券交易所的經驗，以上海證券交易所、深圳證券交易所或香港證券交易所平臺的經驗、規則和技術，協助部分中亞國家打造本國的證券交易所，繁榮本國的金融市場。

簡而言之，中國和中亞國家未來的合作，要基於中亞國家最迫切的需要，如此才能有的放矢，創造多贏的局面。

為什麼「一帶一路」沿線國家需要中國發展模式？

打個比方，就像是吃飯，桌子上有 A 餐、B 餐和 C 餐。A 餐代表以美國為主的全球化發展模式，B 餐代表以歐洲為主的模式，C 餐代表中國的模式。自 2008 年以來，A 餐和 B 餐似乎都出事了，而且每隔 8~10 年都會發生一次危機，於是大家開始尋求另外一種選擇。這時，中國提出了「一帶一路」倡議。

「一帶一路」國際合作高峰論壇於 2017 年 5 月 14 日在北京順利召開，這是自習近平主席於 2013 年提出「一帶一路」倡議以來規格最高的「一帶一路」會議。過去的 4 年裡，100 多個國家和國際組織積極支持和參與「一帶一路」建設，聯合國大會、聯合國安理會等重要會議決議也納入「一帶一路」建設內容。為什麼「一帶一路」倡議能夠受到歡迎？「一帶一路」倡議與其他國家的對外投資有什麼區別？「一帶一路」倡議又將會給中國帶來哪些突破？

外界認為，像這種大規模的國家投資，其實歷史上有很多，

如二戰以後的「馬歇爾計劃」，以及前幾年日本的大規模對外投資。那麼，「一帶一路」倡議和它們有哪些相同點和不同點？

希拉里當美國國務卿的時候，也提出了一個類似「一帶一路」倡議的計劃，主要是聚焦中亞地區，通過金錢援助來做項目投資。當然，中亞地區的天然氣和石油資源非常豐富。相比較而言，我們的「一帶一路」倡議更加單純，我們並沒有聚焦於哪個區域或者國家，只要你認同「一帶一路」理念，就可以加入這個「朋友圈」。此外，中國並沒有盯著別人家的那點東西。中國本身地大物博，不過是想要把中國的這套發展模式、中國的智慧通過「一帶一路」倡議推向世界。

打個比方，就像是吃飯，桌子上有 A 餐、B 餐和 C 餐。A 餐代表以美國為主的全球化發展模式，B 餐代表以歐洲為主的模式，C 餐代表中國的模式。自 2008 年以來，A 餐和 B 餐似乎都出事了，而且每隔 8~10 年都會發生一次危機，於是大家開始尋求另外一種選擇。這時，中國提出了「一帶一路」倡議。

「一帶一路」建設首先是要搞基建，畢竟「要想富，先修路」。基建項目不僅能帶來大量的就業機會，而且能帶動六七十個相關聯產業的發展，進而推動經濟的快速發展。這套模式非常適合「一帶一路」沿線國家的發展。

當然，在「一帶一路」倡議下，中國和西方國家也是可以合作的。《功夫熊貓》就是中、美之間文化融合的產物。而對於歐洲來說，由於非洲以及東南亞國家與歐洲的歷史淵源，它們非常想要歐洲的技術和產品，但是往往受制於價格，折中的辦法就是選擇中國製造的歐洲技術。如此，發展中國家可以得到物美價廉

的產品，而歐洲也能夠開拓更多市場，一舉兩得。

我更願意把「一帶一路」倡議形容為一種無處不在的經濟學。世界上大多數國家都有我們的聲音，也不用抹黑我們說是什麼文化侵略，其實「一帶一路」倡議就是一個範圍寬廣的經濟合作，這樣會把「一帶一路」倡議簡單化。

當然，我們有自己的目的，就是讓我們的錢更值錢，讓我們的企業「走出去」。中國要成為世界第一大經濟體，需要更多的對外投資，更多的和發展中國家的心意相通。在這種情況下，合作是無處不在的。

「一帶一路」倡議確實是一個大工程，但它的內核很簡單，就是要推出中國模式，你看看你適不適合用，合適你就加入進來，不合適就先看看再說。這跟美國是不一樣的，美國的真理是在其航空母艦的航程之內的，中國沒有這一套。

當下，英國脫歐、特朗普上臺都被解讀為是反全球化，那麼，中國在這個時候堅定地推行「一帶一路」建設，底氣有哪些？是否有其歷史必然性？

我認為，第一，中國是世界第二大經濟體，有 3 萬多億美元的外匯儲備，美元的匯率波動對中國的影響很大。第二，發展中國家有需求。發展中國家正在面對的現實是，美國所推行的那一套並不能讓它們富裕起來，加上當下美聯儲進入加息通道，這些國家都將要面臨資金回流美國的境況。第三，中國想做。當下的全球治理體系並不完善，中國希望推動其完善，尤其要加入更多的中國智慧。畢竟隨著中國的崛起，中國不能永遠「獨善其身」，也要「兼濟天下」。現在，中國的資金、人才、技術都很多，如

果都被禁錮在國內，也不利於自身發展，「走出去」並不是壞事。以前的西班牙、荷蘭、美國、英國，在成為世界老大之前都是對外投資大國。用我家鄉的話說，這叫作「魚不過塘不肥」。

外界認為，現在中國第一波「走出去」的主要是一些央企，帶動的是一些基建類的投資。但是，民企參與的熱情高嗎？

我認為，民企參與的熱情很高，但是媒體對它們的報導比較少，因為它們不需要政績，它們只需要獲利。據我的調研，南方沿海一帶民企借助「一帶一路」建設做了不少事。例如，它們把沿線國家的上市公司拉到中國來路演，吸引中國投資者去投資。近段時間，周邊國家股市的大幅度上漲就有這些企業的「功勞」。而歐美國家的做法是先收購，再派董事進去參與營運，這樣就能夠全面地瞭解企業以及行業的狀況，進而提升企業的影響力。

這算不算是在提前透支一些機會呢？當然不是。因為對於一些「一帶一路」沿線國家的上市公司來說，它們需要資金，也需要人才來共同管理企業，還需要較為先進的理念和管理經驗來提升自己。對它們來說，這是兩全其美的事情。

此外，中國企業到海外投資需要預防金融風險。我做過模型統計，按照當下的世界經濟格局，每 10 年左右要經歷一場危機，從 1988 年到 1997 年，再到 2008 年，接下來很可能又是一場危機。這就是美國那套模式的局限所在。而且，當前全球債務風險較高，大家都拿著美元來還債，而美元又要加息，還不起債的企業就要拖累銀行，從而引發系統性危機。

據我觀察，「一帶一路」沿線的一些國家已經出現了通貨緊縮。通貨緊縮是比通貨膨脹還要嚴重的，就像是發低燒。對於發

展中國家而言，對付通貨緊縮的主要辦法就是印鈔票，但這又將帶來通貨膨脹，會更加危險。就像一個人，體溫總是在36攝氏度到40攝氏度之間徘徊，誰能受得了？

這樣的結果就是人會很虛弱，人一虛弱就需要動用外匯儲備，這非常危險。很多國家沒有足夠的外匯儲備，就會造成危機。

那麼，去這些國家投資豈不是很危險？我認為，作為投資者，買低不買高。高的時候我去買，這叫錦上添花；低的時候我去買，這叫雪中送炭。咱們中國要做的事是雪中送炭，不要做太多錦上添花的事情，錦上添花的事情還是留給歐美去做吧。

「一帶一路」建設中會出現什麼文化衝突？

「一帶一路」沿線國家民族不同、信仰不同、要求不同、經濟發展階段不同，中國要與沿線諸國互利互惠、共同發展和實現共贏，充滿挑戰，也藏有變數。「一帶一路」倡議應建立在促進情感交流、化解文化衝突的立場上，為中國與沿線國家在經貿、金融和政策等方面的互聯互通搭建好一條橋樑。

自從推動「一帶一路」願景與行動的文件發出後，有關該倡議的信息時時見諸中外媒體，成為世界各國熱議的話題。我們非常希望看到「一帶一路」倡議可以助推中國與沿線國家加強經貿合作、促進人文交流，與沿線各國攜手發展。不過，我們也必須清醒地看到，「一帶一路」沿線國家有四種文明、上百種語言並存，巨大的文化差異往往容易帶來誤解和摩擦。

跨越文化的邊界去推動交流，並不是今天才出現的難題。中國在「一帶一路」建設進程中遇到的問題，其實可以從國人喜愛的古典名著《西遊記》中學到不少教訓。唐僧遠赴西天取經經歷

九九八十一難，其實也顯示出對外傳播和交流的不足。例如，唐僧的三名徒弟此前均是威震三界的英雄，但沿途中的國家和埋伏的妖怪對此大多不知，要是一開始就知道是齊天大聖孫悟空在為唐僧護航，可能許多妖怪就不會知難而上，而唐僧的取經之路也就不會如此坎坷了。

　　唐朝啓動遠途取經工程時，對於別國情況和國際趨勢的瞭解也非常欠缺，如果事先知道一些國家的現實情況，如某國不歡迎和尚、女兒國對男人極度渴求等，就可以避開一些不必要的挫折。此外，在講述唐僧的故事中，中國和西方的話語體系也互不融合，西方描述的唐僧是如來座下二徒弟金蟬子投胎，身分尊貴；中方對唐僧的描述卻是父母雙亡，流落寺廟，苦孩子翻身的勵志故事，對於提升「一帶一路」沿線國家對唐僧的尊重幾乎沒有起到正面效果。

　　我們已經看到，類似的問題也出現在今天「一帶一路」建設的對外傳播和文化溝通之中。中國的政府機構、媒體對不少國家的社會、政治狀況缺乏全面的瞭解，導致宣傳、溝通的效果受限，同時在對外傳播中抓錯重點，過於突出中國如何在艱難的背景下實現工業崛起和實力的增強等，反而引發了不少國家的抵觸和警惕。

　　在「一帶一路」建設啓動的最初，就有不少國家公開質疑中國此舉是「朝貢制度」的翻版，是建立新的霸權主義，甚至是「圍堵」他國，經濟殖民。近期，隨著中國經濟增幅的下滑，海外又出現對於中國是否自身難保、有沒有足夠的經濟實力推動「一帶一路」建設的懷疑。部分海外輿論之所以抹黑「一帶一路」

倡議，一方面是利益衝突下的考慮，另一方面則是中國在對外傳播上依然沿用較為陳舊、缺乏吸引力的宣傳套路，容易不自覺地激化文化衝突。

中國未來在進一步推動「一帶一路」建設中，要減少理念和文化衝突，尋求與沿線國家文明的包容共生。對此，中國至少應在以下三個方面著力，消除外界對「一帶一路」倡議的各種誤解，為「一帶一路」建設營造更加良好的國際環境。

其一，要促進中國與「一帶一路」沿線國家的溝通和理解，需要政府、智庫及文化界各機構對「一帶一路」沿線國家的歷史展開研究，建立豐富的知識儲備。中國在對外傳播中要摒棄過去在國內慣常的單向灌輸式傳播模式，更多地從對方的角度考慮，加強雙向互動、雙向溝通，以形成良性互動的合作格局。

具體而言，一方面，在「一帶一路」文化溝通方面，中國可先與沿線國家中有共性的少數民族進行文化的傳播、交流，在講述中國故事時偏向軟性、感性的故事，促進感情的交流，同時展示中國文化深厚的底蘊。另一方面，加強雙向傳播，即除了對外傳播外，也多向國內傳播，向國人宣傳其他國家的優秀文化，增加國民對這些國家的瞭解和興趣。這樣才能實現文化上的包容共生和相互促進。

在對外解說別國關切的中國問題時，則要學會從對方的角度和話語體系去考慮。例如，對於中國是否有實力繼續推動「一帶一路」建設，官方機構和媒體應當採用外界易於理解的財經語言和角度，並以充分的案例和理據來證明。中國經濟增速放緩既是經濟規律的體現，也是中國政府主動調控的結果，並不影響中國

推動「一帶一路」建設的能力。

其二，文化的溝通需要創新思維來營造不同的文化共生環境，中國必須警惕自身居高臨下的優越感或炫耀實力。共生概念是由德國生物學家德貝里於1879年提出的，暗示了不同種屬之間某種程度的永久性物質聯繫。只有各方有感於大家都是共生聯結的共同體，才能以更寬容的態度，看待彼此的不同，從而推動文化共生。

中國的文化，要與其他文化長期共生，需要有創新思維。其中，中國澳門成功結合兩種不同文化而創造出第三文化的經驗值得借鑑。在澳門，不同種族、不同習俗、不同信仰和不同文化的民眾，以其各自的方式，各美其美，美美共生，誕生了既不同於中華文明，又迥異於西方文明的多元、包容、和諧的澳門文化。

在「一帶一路」建設的過程中，中國尤其要避免將本國置於高高在上的地位，而是要以雙向車道（Two-Way Street）的平等、互利的態度，讓中華文明與沿線國家的不同文明，各美其美，共生共榮。同時，中國還應採用創新的思維，主動將多種文化進行大融合，創造出互相促進、互惠互利、合作共贏的新文化。

值得注意的是，隨著中國國力的大幅提升，部分國人的信心也開始膨脹。對於境外旅遊、購物這種互利互惠的舉措，不少人會以「恩人」的心態看待對方。這不僅容易引發國人與當地民眾的衝突，也有損國人形象。

因此，中國應以平等、友善、互助、合作的姿態與沿線各國民眾交往、交流，展現容忍、諒解的氣度。這不但可對外展現中國的大國風範，更可為中國企業、國民「走出去」營建一個更加

和睦共處的營商環境。

其三，中國要展現出大國氣度，以身作則，發揮規範性力量（Normative Power），傳播中國的道德規範和價值準則，以此進一步贏取沿線國家的認同、信任和尊重。

英國、美國的崛起，分別以「自由貿易」「民主人權」作為價值體現，中國的「一帶一路」倡議，又會帶給世界什麼價值規範？不少國人認為，和平發展、互利共贏、開放包容、互學互鑒是中國帶給世界和平與發展的核心價值觀。那麼，該如何把中國的價值規範完整體現在世界各國民眾面前？對此，我們可以借鑑歐盟的經驗。

歐盟的核心價值規範可歸納為：和平、自由、民主、法治和尊重人權。歐盟各成員國通過各自官方機構的對外活動，運用「五擴散」（無意識擴散、信息擴散、程序擴散、轉移擴散和公開擴散）的方式，有意識地在國際舞臺上積極推行自己的價值觀和展示自己的規範力量，此舉不但獲得了世界範圍內的廣泛認同，令世界各國看到不同於美國的另一種價值取向，也為歐盟在國際事務中發揮更大的影響力奠定了基礎。

因此，中國在對外傳播中要向世界展現「一帶一路」倡議的價值規範，除了國人須進一步在人類和平與安全、國與國之間平等與團結、經貿上的自由與公平以及人類權益的捍衛等方面，展現出胸懷天下的雅量、氣度並以身作則之外，中國的媒體和研究機構，也應在對外交流與合作中，通過「五擴散」方式發揮規範性力量，以此推廣「一帶一路」倡議的核心價值觀。

作為「一帶一路」倡議的發起國和主導國，中國必須增強對

沿線國家的瞭解和雙向的交流，同時在交流中注重展現大國風範，摒棄優越感和居高臨下的心態，為「一帶一路」倡議樹立起一套道德規範和價值準則。重視交流、重視共生、展示善意、展示誠意，才是中國在進行「一帶一路」對外傳播中，化解沿線國家誤解和文化衝突的對策。

怎麼讓沿線國家更懂「一帶一路」？

中國政府、各駐外使館和媒體機構只有在涉外交流、對外傳播中更多地使用財經語言，才有可能打好國際信心戰，解開各國對中國經濟對「一帶一路」倡議的疑惑，助推「一帶一路」建設進程。

「一帶一路」沿線至少包括四種文明、近百個國家和上百種語言。由於每個國家的自然條件、宗教、語言、民族和政治制度都不大一樣，對外來信息的接受習慣也不盡相同，因此，中國需要考慮沿線國家民眾最基本的認知邏輯，選擇一種各國民眾基本都能懂的語言，以此增強各國對中國的認知，加強中國與「一帶一路」沿線國家的互聯互通。

2016年以來，全球股市、匯市到大宗商品震盪一浪接一浪。國際市場風雲變幻，衝擊了不少國家尤其是亞洲國家的經濟，國際上不少國家也開始質疑中國提出的「一帶一路」倡議：若未來

國際經濟、金融市場的波動加劇，是否會影響中國的「一帶一路」建設進程？

對此，中國更需要用一種國際上都能聽懂的語言，來消除各界對「一帶一路」建設的疑惑。

我認為，財經（財政、金融和經濟）語言應該是國際社會都能聽懂的語言，「一帶一路」建設未來需要更多地使用財經語言和國際社會溝通、交流。其中至少包括以下兩個原因。

其一，更多地使用財經語言可產生「通感」。

隨著國際金融體系逐步一體化，各國金融系統聯繫愈趨緊密，金融漸漸成為一種國際共同「語言」，各國民眾對股市、外匯市場、債券市場、重金屬價格等的共同的體驗，已產生了廣泛的「通感」。面對金融市場的表現，語言、風俗、民族、國籍都不再是障礙。因此，中國如果更多地使用國際通用的金融語言來宣傳新時期的「一帶一路」倡議，將可增加這一倡議對沿線各國民眾和機構的吸引力。

具體而言，中國應當更多地使用金融語言和「一帶一路」沿線國家溝通，讓沿線各國進一步瞭解中國作為地區性的經濟、金融大國，在區域經濟穩定中的重要角色。在此基礎上，中國可聯合沿線國家搭建區域性的金融合作網路，並嘗試將已在滬港通中實現的境內外市場互聯互通拓展到「一帶一路」沿線國家。這樣沿線國家的政府和企業能感受到合作帶來的益處，各國的普通民眾也可以分享中國經濟繁榮以及「一帶一路」建設帶來的新的投資機遇。

其二，更多地使用財經語言可以增強各國對「一帶一路」建設的信心。

不少研究報告顯示，由於世界經濟的下行趨勢以及金融市場波動性的增大，2016年，世界經濟增長率將停滯在2%左右。隨著中國經濟進入中高速增長階段，未來幾年中國國內生產總值保持6.5%~7%的增速可能會成為新常態。這不但令各國對中國的經濟前景憂心忡忡，憂慮中國未來難以為世界經濟注入新的動力，同時也擔心隨著中國經濟增速下調，外匯儲備減少，中國推進「一帶一路」建設的進程將會減慢。

對此，一方面，中國政府、各駐外使館、傳媒機構，應該更多地使用財經語言，用國際社會易於理解的方式，拿出有理有據、深具說服力的解釋，以令各國知道，即使在2015年中國經濟遭受了國際各種因素的衝擊，中國仍以占全球約14%的國內生產總值總量創造了占全球約25%的經濟增量，對全球經濟做出了超額貢獻。未來，隨著中國經濟結構的調整和經濟動力的轉換，以及與「一帶一路」沿線國家產能合作的加強，中國必將為世界經濟提供更多的增長動力。

另一方面，中國也需要使用更多的財經語言，更多地從以財經視角進行對外傳播，以令國際社會瞭解和適應中國經濟增速由高速轉向中高速的新常態，同時也讓國際社會能夠進一步掌握中國經濟的變化情況，相信中國經濟增速的變化既是經濟規律的體現，也是中國政府主動調控的結果，以此讓「一帶一路」沿線國家相信中國經濟增速雖放緩，但仍有實力推動「一帶一路」建設，能夠促進沿線各國的經濟發展。

總之，中國政府、各駐外使館和媒體機構只有在涉外交流、對外傳播中更多地使用財經語言，才有可能打好國際信心戰，解開各國對中國經濟、對「一帶一路」倡議的疑惑，助推「一帶一路」建設進程。

「一帶一路」建設下亞洲金融該如何合作？

在全新的亞洲金融平臺上，中國應當主動推進跨文化客戶的金融管理，進一步發展伊斯蘭金融，構建亞洲國家的金融數據庫，增加交易源流的共享等領域的創新的可能性，並在國際金融治理中增強亞洲金融在國際金融體系的話語權、影響力。

繼國家主席習近平倡議探討「搭建亞洲金融機構交流合作平臺」後，國務院總理李克強又建議區域國家金融機構聯合發起成立「亞洲金融合作協會」。由中國銀行業協會牽頭發起的「亞洲金融合作協會」也即將成立。至此，配合「一帶一路」建設的三大金融機構：亞投行（亞洲基礎設施投資銀行）、絲路基金和亞洲金融合作協會已先後到位。

對於「一帶一路」倡議而言，亞洲金融合作協會與亞投行、絲路基金具有相同的重要性。作為區域性、非政府性國際金融合作組織，亞洲金融合作協會除了可推動亞洲金融進一步互聯互通、深化合作，增強亞洲金融在國際金融治理體系中的話語權和

影響力之外，還具有以下三大重要意義。

其一，有助於加強中國與亞洲國家民眾之間的「金融通感」。

筆者過去曾在多個場合提及「金融通感」。隨著亞洲乃至全球金融市場的聯通的逐步加強，金融語言已逐漸成為國際共同的語言。各國民眾對企業上市、股市的波動等的共同的體驗，產生了具有廣泛認同性的「通感」（Sense of Commonality）。

這種「通感」，事實上已經打破不同語言、風俗、民族和國籍的界限。亞洲金融合作協會的創建，將進一步加強中國與亞洲國家的這種「通感」，「潤物細無聲」般地通過金融的語言和方式，促進中國和亞洲各國的溝通、交流和合作，並以此為基礎衍生出更多領域的「通感」，進一步推動「一帶一路」建設前行。

其二，有助於維護區域金融穩定。

不少亞洲國家在2015年受全球大宗商品市場低迷的影響，匯市遭受了重擊。而且短期內美聯儲將加息，這無疑會加速資金從亞洲國家撤退前往美國，屆時不但多國的匯市會遭受重創，也將導致一些亞洲國家股市動盪，甚至影響經濟，未必不可能觸發亞洲金融危機重演。

亞洲金融合作協會的創建，有助於通過亞洲國家在財經領域的互聯互通、合作，來共同維護區域金融穩定，尤其是可通過中國龐大的外匯儲備、雄厚的經濟實力和穩定的人民幣匯率，發揮「定海神針」的作用，以減輕亞洲金融體系可能遭遇的衝擊。

其三，有助於推進人民幣的進一步國際化。

如今，中國對亞洲經濟的影響力劇增，在「相鄰效應」下，未來中國和亞洲各國的經濟、金融聯繫將顯著加強。即便亞洲某

國原本比較偏好另一種貨幣，如美元、歐元或日元等，若該國發現其他亞洲國家願意使用人民幣，也可讓人民幣的交易、儲備變得更容易進行。

因此，成立亞洲金融合作協會，通過各國在金融領域的互聯互通，有助於增強亞洲各國對人民幣的認可度，有助於各國更多地將人民幣作為結算貨幣、交易貨幣和儲備貨幣。越多亞洲國家以人民幣進行結算、交易和儲備，採用人民幣結算、交易和儲備的成本就越低。

誠然，中國倡議創建的亞洲金融合作協會意義重大，但要進一步推進亞洲金融合作協會的建設，依然亟須在以下兩個方面下功夫。

其一，增強亞洲金融合作協會的「離岸傳播」力度。

「離岸傳播」也是筆者近來多次提及的一個概念。在金融領域，一些國家、地區的金融機構除了從事本國貨幣的存貸款、結算和交易等業務外，也從事其他外幣的存貸款、交易等業務，此類金融活動被稱為「離岸金融」。當前，中國香港、英國倫敦等城市，大力發展人民幣離岸業務，成了人民幣離岸市場。此類人民幣離岸市場，對於推廣人民幣業務，增強各國對人民幣的認可度、吸引力，以及加快人民幣國際化進程功不可沒。

此前，對於「一帶一路」倡議的提出以及亞投行的創建，部分亞洲國家認為這是中國的「經濟殖民」政策，並認為中國想要挑戰美國主導的國際秩序和國際金融體系。

在這種偏見下，創立亞洲金融合作協會難免也將遭受質疑。因此，中國除了要加大對外宣傳的力度之外，也可和外交部、中

國人民銀行等部委加強合作，借鑑「離岸金融」的理念，通過中國香港、新加坡等國際金融中心本地的網路，包括政府官員、媒體、財經界意見領袖以及海外華人華僑財經專業人士等，用更專業的金融思維、文化和金融語言向亞洲各國進行「離岸傳播」。此外，中國可用更加「接地氣」的方式闡述亞洲金融合作協會的功能、宗旨，促進更多亞洲國家對亞洲金融合作協會的瞭解和認同，以共同發起成立亞洲金融合作協會。

其二，亞洲金融合作協會要進行金融創新。

黨的十八屆五中全會提出，要提高中國在全球經濟治理中的制度話語權。這意味中國未來將從國際經濟活動的積極融入者向主動塑造者轉變，而亞洲金融合作協會正可為中國角色的轉變提供平臺。

隨著亞洲經濟的持續發展，亞洲區域性銀行將逐漸崛起，區域間的金融活動也會越來越多。亞洲各國除了在原有的貿易金融、跨境銀團貸款、保險理財業務、反金融詐騙犯罪和高端金融業務教育培訓等領域加強合作之外，也可考慮在亞洲金融合作協會這個平臺上，結合新興科技、創新產業和互聯網金融的快速發展，以及金融領域的數字化、網路化和移動化的趨勢，探討有關區域金融的重新整合。

在全新的亞洲金融平臺上，中國應當主動推進跨文化客戶的金融管理，進一步發展伊斯蘭金融，構建亞洲國家的金融數據庫，增加交易源流的共享等領域的創新的可能性，並在國際金融治理中增強亞洲金融在國際金融體系的話語權、影響力，促使亞洲金融成為平衡國際金融體系發展的重要一環。

唯改革者進，唯創新者強！作為亞洲區域國際非政府金融合作組織，亞洲金融合作協會除了要秉承「互聯互通、深化合作、國際治理、利好亞洲」的主旨之外，還應在「深化合作」和「國際治理」中間加上「創新金融」這一重要主題，以此為國際經濟、金融的發展做出新的，同時也是應有的貢獻。

如何加強監測「一帶一路」沿線國家的金融風險？

不少「一帶一路」沿線國家，都是國際收支赤字大、外匯儲備水平低以及坐擁大量美元債券的國家。這些國家都是非常值得警惕的國家，應加強監測其金融風險。

不少中國企業走向「一帶一路」沿線國家投資，比較容易忽略監測沿線國家的經濟、金融形勢，這將會對投資帶來不可估計的風險。對此，我將列舉兩個國家的案例，以說明應如何加強監測「一帶一路」沿線國家的經濟、金融風險。

不少「一帶一路」沿線國家，都是國際收支赤字大、外匯儲備水平低以及坐擁大量美元債券的國家。這些國家都是非常值得警惕的國家。

這是因為，一旦美國經濟增速放緩、利率升高或者美元恢復升值的趨勢，這些擁有大量美元債券、無美元收入或國際收支赤字大的「一帶一路」沿線國家，償債風險將大漲。這不但會衝擊該國的金融體系，還會嚴重影響該國的經濟發展。

例如，拋開政治形勢不談，2017年，土耳其面臨的經濟、金融風險就比較大。土耳其央行外匯儲備已經下降至300億美元以下，僅為299.9億美元，創下11個月新低。由於土耳其的外債占其外匯儲備的200%，加上土耳其國際信用評級惡化，近三個月土耳其里拉匯率下跌了20%。一旦美國加息，或者美元升值，將令土耳其陷入財務困境，進而衝擊其金融市場和經濟表現。這會導致投資土耳其的企業遭受巨大損失。

南非也是如此。南非外匯儲備僅為470億美元，但南非的外債卻有1,400億美元。尤為嚴重的是，近期評級機構標準普爾已將南非主權信用評級下調至BB+級別，即「垃圾級」。這是南非自2000年以來首次失去投資評級，起因是南非總統祖馬宣布重組內閣並撤換財政部長，引發了多方要求他下臺的政治危機。同時，南非在債務方面的改革進展前景也不明朗。

另一國際信用評級機構惠譽也下調了南非的主權信用評級。這一舉動的後果是，當有兩家評級機構將一個國家的主權信用評級劃入「垃圾級」時，全球的國際指數都會將該國債券從投資級債券指數中剔除，這將引發全球追蹤這些指數的基金或投資產品大規模拋售南非的債券資產，隨之而來的是南非貨幣巨大的貶值壓力以及金融市場的動盪。

除了金融市場之外，南非的經濟也未見復甦跡象。2016年，南非的國內生產總值增速僅為0.5%，失業率則高達27.1%。南非政治角力、紛爭不斷，正在進一步削減其經濟發展動力。美國《時代雜誌》已把南非評為2017年全球十大風險之一。中國企業如要前往該國投資，不可不防當中的風險。

實際上，除了南非以外，在過去幾年裡，「金磚五國」中不少國家已經成為高投資風險地區，巴西、俄羅斯也早已不在投資級。巴西評級僅有 BB，俄羅斯目前的標準普爾評級和南非一樣是 BB+。對於這些經濟、金融已出現或將出現風險的國家，中國企業前往投資需密切留意當中的變化，避免遭受不必要的損失。

Pokemon GO 給了「一帶一路」建設哪些啟示？

未來中國只要能夠在目前科技水平已經相當高的基礎上，進一步探索、開發出讀心、知心和暖心的產品，絕非不可能在全球獲得與 Pokemon GO 相比肩的成功。

由日本任天堂公司與美國 Niantic 公司共同研發的手機遊戲「Pokemon GO」，自 2016 年 7 月 6 日推出後便俘虜了無數玩家的心，成功在全球各地掀起熱潮。Pokemon GO 之所以受到熱捧，令全球玩家為之著迷，我認為主要是以下兩個原因。

其一，充滿了童年回憶。Pokemon 始於任天堂在 20 世紀 90 年代推出的一款遊戲 Game Boy，迄今已有逾 20 年的歷史，在全球早已累積了數以億計的玩家。如今，任天堂推出的 Pokemon GO，讓經典故事主角重新回到大家眼前，而且還利用擴增實境（AR，Augmented Reality）技術及移動定位技術，令玩家投出精靈球捕捉小精靈的體驗更具真實感，童年時的回憶也得以透過遊戲在現實中重新呈現。

其二，玩法創新。不像以前的手機遊戲需要「宅」，Pokemon GO 遊戲能讓窩在家中的宅男、宅女們走出家門四處冒險，通過 AR 實景技術去尋找小精靈，用手機鏡頭去捕捉它們，而隨時出現在意想不到的地方的小精靈，更增加了遊戲的刺激性和趣味性。尤其是 Pokemon GO 還增加了社交互動元素，不但可以讓朋友們到同一地點捕捉小精靈，還可以與參與該遊戲的陌生玩家一起進行交流，這也成了該遊戲最大的吸引力之一。

當然，Pokemon GO 遊戲也出現了如易生意外、涉及人身安全、容易失去隱私等遭外界詬病之處，但不可否認的是，Pokemon GO 遊戲的一炮而紅，對中國創新、創意產業的發展有不少啟示。

啟示一，巧借創意，舊瓶未嘗不能裝新酒。Pokemon GO 遊戲問世已逾 20 年，擴增實境（AR）技術的應用亦已超過 10 年，二者均非新生事物，但只要巧妙地運用創意，透過小小的手機屏幕，將現實與虛擬有機打造成寬闊的新天地，舊遊戲同樣可玩出新花樣，令玩家們眼前一亮。

啟示二，科技不在於高大上，而在於運用和普及。再尖端、再具顛覆性的新科技，如果缺乏具有應用性、普及性和接地氣的產品，最終也只能束之高閣。在追求新科技的同時，應考慮如何將新科技與既有中國元素，以及能給大家帶來童年或少年回憶的傳統產業結合，這樣才能進一步推動創新、創意產業的發展。

啟示三，發現 AR 時代的新商機。互聯網時代、VR（虛擬實境）時代追求的是「宅經濟」，「宅」在家中，足不出戶環遊世界。但 AR 的出現，成功逼迫宅男、宅女們走出家門，也已逐步

滲透各行各業，未來有機會改變人與世界互動的方式，容易促使「逛經濟」的出現。因此，如何將虛擬遊戲或產品與現實的地點、商品結合，構建打通線上、線下服務的新平臺，以此開拓行銷的新形式，創造長遠商機，值得業界深思。

Pokemon GO 遊戲受全球熱捧，也給「一帶一路」框架下的國際產能合作帶來啟示。我認為，要推動國際產能更好地合作，中國未來應打造更多的讀心、知心和暖心的產品。我曾在多個公開場合提及，中國要進行國際產能合作，除了鋼鐵、建材、機械、高鐵等的合作之外，更要找尋「一帶一路」沿線國家民眾的癢點、痛點和興奮點，給他們帶來讀心、知心和暖心的產品。只有這樣的國際產能合作，才更有生命力。

例如，日本推向全球的產品，主要是動畫、電玩和汽車；歐洲推向全球的產品，主要是名車、名表和名牌服裝；而美國能夠吸引全球的產品，則是薯片、影片和芯片。歐美國家和日本的這些產品，既能夠滿足世界各國民眾的生活需求，又能夠給他們帶來生活樂趣，成功地令各國民眾產生依賴感。這樣的產品，才更能持久，才更不可替代。

大家應當樂觀地看到，Pokemon GO 與今天的國產遊戲相比，已經幾乎沒有技術上的門檻。這款日本和美國合作的遊戲甚至被不少業界人士嘲笑，因其對 AR 技術的應用太過簡單，但這卻絲毫不妨礙它俘虜無數玩家的心。這也就是說，未來中國只要能夠在目前科技水平已經相當高的基礎上，進一步探索、開發出讀心、知心和暖心的產品，絕非不可能在全球獲得與 Pokemon GO 相比肩的成功。

為何說開放信息數據有助於
「一帶一路」建設？

在眾多行業領域，加大開放政府信息數據的力度，都可以產生巨大的經濟效益。這並非指直接販賣公共信息數據以牟利，而是指政府開放的這些免費的公開資料，可被民眾用來創立新事業，創立更多能夠提供新公共服務的產業以造福大眾。

國務院總理李克強曾在 2016 年的一次關於「簡政放權」的會議上表示，目前中國 80% 以上的信息數據資源都掌握在各級政府部門手裡，「深藏閨中」是極大的浪費，要求各級政府部門要加大政府信息數據的開放力度。

加大開放政府信息數據的力度，無論對政府還是對民眾都是好事。開放政府信息數據一方面可推進政務公開，讓權力在陽光下運行，加大民眾對政府的信任度；另一方面，也便於政府部門之間的合作，提升政府效能。開放政府信息數據，還能夠幫助企業從資料中挖掘、重組、混搭出更具價值的創新。例如，民眾日常通過網上預訂機票、查看機票信息，使用智能手機上的全球定

位系統（GPS），就是有關企業通過開放的信息數據進行創新，創造出了更大的價值。

大型管理諮詢公司麥肯錫曾發布一項有關全球開放信息數據價值的研究報告，認為通過教育、能源、健康等領域的開放數據，每年可產生3萬億美元的經濟潛力。

而且，隨著計算機技術的日新月異，信息儲存系統愈趨廉價和互聯網在全球的不斷普及，能夠把開放信息數據提升至全新的應用領域，不但有助於推動中國企業「走出去」，促進「一帶一路」建設，更有可能在過程中改變今天的世界。

其一，有助於推動中國汽車產業「走出去」。未來幾年全球汽車產業的競爭集中在無人駕駛車的競爭上。無人駕駛車的導航系統使用的信息，主要來自於由政府開放的全球定位系統（GPS）資料、地圖數據以及谷歌地圖（Google Maps）和谷歌地球（Google Earth）等的數據。

有研究顯示，如果無人駕駛車導航系統將來能夠廣泛應用，不但可減少車禍數量，緩減塞車情況，還能夠為駕駛人節省大量時間和塞車導致的燃料成本，僅在美國一年就可創造2,000億美元或更高的經濟價值。因此，無論是中國的汽車製造商未來要「走出去」，和歐美、日本的汽車製造商搶奪國際市場份額，還是在中國國內運用無人駕駛車導航系統技術，都有賴於中國政府開放更多的衛星信息數據，尤其是北斗衛星導航系統。

其二，有助於中國農業「走出去」。在現代農業中，除草劑、殺菌劑、殺蟲劑等技術已經大致把其他風險消除了，但天氣因素的影響一直未能消除。惡劣天氣會對農業收成造成巨大影響，農

業海外投資也容易遭受損失。

就算沒有出現惡劣的天氣，農民們除了關心降雨量之外，更加關心的是他們農場的土壤裡有多少水。這不僅取決於降雨量，也取決於土壤的類型。為應對天氣因素對農業的影響和農民關切的問題，一家美國氣候公司通過美國政府部門如地質調查局開放的信息數據，使用「最小土地管理單位」（Common Land Unit）數據，顯示全美國所有農場的地點、形狀、面積和土壤類型數據，以便能夠更準確地評估所有農場的天氣情況和土壤數據，告訴農民哪片農地適合耕耘，哪片農地應該栽種或灌溉，哪片農地應該施肥，哪片農地應該再等幾天才栽種。這能夠幫助農民將農業收成率提升 20%~30%。

該公司不僅在美國提供服務，也準備在澳大利亞展開服務。他們的目標是：最終，中非的農民可以通過蘋果手機 iPhone 或簡訊服務取得此類服務，讓自己得知每天的最適耕作活動。

不少「一帶一路」沿線國家有豐富的農業資源，能夠為中國農業「走出去」帶來極大的市場。有該領域的研究人員估計，隨著中國農業對外投資的加快，未來或能催生 7,500 億元的農業海外投資市場。

在農業「走出去」的同時，如果中國政府能夠開放更多的信息數據，讓一些企業以此仿照美國氣候公司的模式，給「走出去」的農業企業提供更多的天氣、土壤信息，無疑可以協助中國農業更好地「走出去」，給中國的企業創造更多的創新、創業機會。

此外，由於最近南方天氣異常，很多飛機航班延誤甚至被取

消。筆者在朋友圈看到朋友們抱怨連連，認為天氣預報並不準確，更有朋友指出，一個城市的惡劣天氣將會成為該城市的短板。

對此，除了在該城市增加氣象站以更準確地監測天氣之外，更可考慮把這些信息數據公開，讓有興趣的創新企業根據資料，為民眾提供更精準的、私人定制的區域性天氣預測。這不但可給民眾出行帶來方便，也有助於提升民眾的創業熱情。

在眾多行業領域，加大開放政府信息數據的力度，都可以產生巨大的經濟效益。這並非指直接販賣公共信息數據以牟利，而是指政府開放的這些免費的公開資料，可被民眾用來創立新事業，創立更多能夠提供新公共服務的產業以造福大眾。同時，此舉亦可為中國企業「走出去」提供助力，推動「一帶一路」建設。政府信息數據的進一步開放，完全是一舉多得、利國利民。

推動簽證便利化對「一帶一路」建設有何必要性？

「一帶一路」卡可參考APEC（亞洲太平洋經濟合作組織）卡的方式，設置申請門檻。一旦申請獲批，持卡人便可憑有效護照和旅行卡在5年內無須辦理入境簽證，自由往來於被批准入境的各「一帶一路」沿線國家之間從事商務活動。

近兩年，筆者到過不少「一帶一路」沿線國家調研，前往的國家越多，越發感到簽證便利化的重要性。筆者認為，推動「一帶一路」沿線各國對華簽證政策持續改善，促進沿線各國對華簽證政策的進一步寬鬆化，讓中國與沿線國家之間的商務和旅遊人員往來更加便利，與沿線各國的交流更加頻繁，是逐步實現「五通」（政策溝通、設施聯通、貿易暢通、資金融通和民心相通）的重要條件之一。

雖然最近兩年，中國與美國、英國、法國和加拿大等國已達成便利人員往來的安排，韓國、印度尼西亞和馬來西亞等國也逐漸放寬對華簽證政策。但是，我們也要清醒地認識到，對於中國

那些希望通過商務簽證、旅遊簽證出國的民眾而言，還是有不少門檻。

例如，在某些「絲綢之路經濟帶」沿線的國家，中國無論是學者、商人還是遊客，申請簽證都比較複雜。有的國家的資料不但要遞交給該國的內務部移民局、安全委員會審查，審查後還要再送達該國外交部領事司，通過審批之後，中國民眾才能獲得返簽號，拿到該號碼後再到該國駐華大使館辦理簽證手續。一般情況下，申辦該國簽證的過程需要 1~2 個月，有的需要更長的時間，甚至有可能會被拒簽，拒簽的理由千也奇百怪。

在某些「21 世紀海上絲綢之路」沿線的國家，中國民眾即使拿到簽證，在出入境時也會遇到諸多問題。例如，在某些國家的一些口岸入境時，有不成文的規定要在護照裡夾些美元疏通，這樣才不會受到刁難。在出境的時候，有出入境官員認為護照沒有入境蓋印，懷疑是非法入境，就算拿出合法入境證明，也要拿錢出來「補辦」手續。

當然，不可否認的是，有時中國民眾出國遇到困難有自身因素。例如，有國人乘坐遊艇到南極旅遊之後，離船獲發還的護照或許蓋有南極地圖的印章，這在他們前往其他國家時有可能引起不大不小的麻煩。護照上一些來歷不明、非官方的印章，不管是貪圖有趣自蓋的，還是他人蓋的，在某些國家可能會被視為護照失效，不讓入境。

根據國家旅遊局的數據，隨著「一帶一路」建設的推進，未來 5 年，「一帶一路」沿線國家將迎來 1.5 億人次中國遊客，僅旅遊消費預計將超過 2,000 億美元。若將商務活動計算在內，估

計金額將數以倍增。而且，民間的商務和旅遊往來，將極大地促進中國與「一帶一路」沿線國家的瞭解與合作，是達到「民心相通」的重要路徑，比國家政府層面單方面的對外推廣與宣傳要有效得多。

對此，我建議國家外交部門應參考「APEC商務旅行卡計劃」（APEC卡），與希望和中國加強經濟合作，促進商務人員自由流動的「一帶一路」沿線國家，共同推出「『一帶一路』商務旅行卡計劃」（「一帶一路」卡）。

「一帶一路」卡可參考 APEC 卡的方式，設置申請門檻。一旦申請獲批，持卡人便可憑有效護照和旅行卡在 5 年內無須辦理入境簽證，自由往來於被批准入境的各「一帶一路」沿線國家之間從事商務活動。持卡人還可以享有在各國主要出入境口岸使用「一帶一路」卡專用通道快速通關的便利。

事實上，除了出入境的便利之外，推出「一帶一路」卡也可能成為一塊「試金石」——哪些「一帶一路」沿線國家只喜歡中國的「錢」進來，而不歡迎中國的民眾進來，從他們是否願意參與「一帶一路」卡計劃便可看出。如果有沿線國家不願意參與這樣的計劃，那麼國人未來無論是經商還是旅遊，都可能要對這些國家提高謹慎了。

為何說「一帶一路」建設海外傳播需要借助「離岸傳播」？

在「一帶一路」建設的對外傳播中，應借助「離岸傳播」中心這一朋友圈，淡化政治外交色彩，並更多地使用財經語言和概念消除沿線國家的各種疑慮，同時借鑑美國「三片」、歐洲「三名」經驗，推動中國文化輸出，推動中國企業海外投資的「離岸傳播」。這有助於化解沿線國家的抵觸情緒，與沿線國家在「一帶一路」建設框架下加強合作。

「離岸」概念源自財經領域的跨境業務，但事實上這適用於幾乎一切跨境合作的推動。在「一帶一路」建設的對外傳播中，應借助「離岸傳播」中心這一朋友圈，淡化政治外交色彩，並更多地使用財經語言和概念消除沿線國家的各種疑慮，同時借鑑美國「三片」、歐洲「三名」經驗，推動中國文化輸出，推動中國企業海外投資的「離岸傳播」。這不僅有助於化解沿線國家的抵觸情緒，與沿線國家在「一帶一路」建設框架下加強合作，而且會收到更為理想的傳播效果，更能給中國和沿線國家民眾帶來經

濟上的切切實實的效益。

一、什麼是「離岸傳播」

1. 「離岸」的概念

「離岸」概念廣泛應用於財經領域。在國際金融市場，一些國家、地區的金融機構除了從事本國貨幣的存貸款、結算和交易等業務外，也從事其他外幣的存貸款、交易等業務，這類業務被稱為「離岸金融」。例如，中國香港、英國倫敦等城市，大力發展人民幣離岸業務，成為人民幣離岸市場。這類人民幣離岸市場，大大豐富了人民幣產品的種類，推廣了人民幣業務，增強了各國對人民幣的認可度和吸引力，對人民幣國際化進程功不可沒。

2. 設立「離岸傳播」中心

國家主席習近平近日就「一帶一路」建設提出八項要求，其中包括切實推進輿論宣傳，弘揚絲路精神。設立「離岸傳播」中心有助於落實習近平主席的相關要求。

傳播領域也可考慮借鑑「離岸金融」的理念，在境外和海外更多地利用「離岸傳播」中心的效應。用更專業的金融思維和金融語言向「一帶一路」沿線國家進行「離岸傳播」，用更加「接地氣」的方式闡述「一帶一路」建設在跨境經濟合作上的意義，對中國從不同角度的深層次解讀乃至「現身說法」，借助「他人之口」讓中國的形象更具有真實性、可信性和權威性，從而促進更多沿線國家對「一帶一路」建設的瞭解、認同和參與。

3.「離岸傳播」三大效用

其一，可加強「人際傳播」。由意見領袖向大眾傳播「人際

傳播」形式，比大眾媒介的傳播更能改變受眾的態度乃至習慣。事實也證明，金融領域的意見領袖如投行經濟學家、財經評論員和股評家等在新媒體、社交媒體上發表的意見，往往比媒體的報導更受重視，也更易讓大眾接受。

其二，更易收集沿線國家的「隱性輿論」。「隱性輿論」，指的是民眾內部非公開傳播的民意和言論。這些沉默的力量往往比報紙、電視臺等傳媒機構更能夠影響真正的輿論流向。我們通過「離岸傳播」中心，可以更容易地從各類媒介、場合收集「沉默的聲音」，以便在對外傳播中不斷地調整或修飾再次傳送給沿線國家的信息。通過進行有針對性的交互式傳播，也能讓「一帶一路」沿線國家最關切的問題早日得到答案。

其三，更易令沿線國家相信「一帶一路」建設可帶來益處。美國最強大的傳播隊伍在紐約華爾街，而中國最強大的傳播隊伍在香港中環。在這一角度下，「一帶一路」倡議就如同一項有吸引力的金融產品，須通過離岸傳播中心去展開行銷和推廣。例如，更多地強調「一帶一路」建設的某個項目，可以給某國創造多少國內生產總值、多少就業率，增加民眾多少收入，如何提升了交通效率和企業的效能，等等。這不但可令沿線國家更加相信第三方經濟數據的真實性，而且能促進沿線國家經濟的發展，給民眾帶來實惠，實實在在地打造中國與沿線國家的利益和命運共同體。

二、政府、媒體、大學等的「離岸傳播」

更多地使用財經語言，增強與沿線國家之間的「通感」。當前，隨著國際經濟、金融體系的逐步一體化，財經漸漸成為一種

國際共同「語言」，各國民眾對股市、外匯市場、債券市場、重金屬價格等的共同的體驗，已產生了廣泛的「通感」。面對國際經濟、金融市場的表現，語言、風俗、民族、國籍都不再是障礙。因此，在金融領域，用通用的金融語言來傳播新時期的「一帶一路」倡議，將可大大增加「一帶一路」倡議對沿線各國民眾和機構的吸引力。

1. 政府及各駐外使館應更多地使用財經語言

政府及各駐外使館應用國際社會易於理解的方式，拿出深具說服力的解釋，以充分的案例和理據讓各國知道，即使在 2015 年中國經濟遭受了國際各種因素的衝擊，中國仍以占全球約 14% 的國內生產總值總量創造了占全球約 25% 的經濟增量，對全球經濟做出了超額貢獻。隨著中國經濟結構的調整和經濟動力的轉換，中國必將為世界經濟提供更多的增長動力。

2. 媒體需要更多地從財經視角進行對外傳播

作為世界第二大經濟體，中國的經濟情況比較受外國關注。因為中國的經濟情況會影響它們的錢包。因此，媒體需要更多地從財經視角進行對外傳播，以令國際社會理解和接受中國經濟增速由高速轉向中高速的新常態，同時令「一帶一路」沿線國家相信，中國經濟增速雖放緩，但仍有實力和能力推動「一帶一路」建設，能夠促進沿線各國的經濟發展。這都是媒體在推動「一帶一路」倡議進程中需要承擔的責任。

3. 在外國大學設定特定教席和項目

借鑑中國香港、臺灣和日本的做法，在世界著名大學、研究機構設立和「一帶一路」建設相關的「講座教授」席位，同時出

資請世界著名大學、研究機構研究與「一帶一路」建設相關的課題，並考慮冠名相關大學及研究機構。這樣，這些大學或研究機構的學者在從事學術活動和發表文章時，都會自然地產生學術與社會影響，如同行走的中國名片。如劍橋大學的賈吉（Judge）商學院、牛津大學的賽德（Said）商學院以及路透（Reuters）新聞研究所等。應鼓勵企業或個人在「一帶一路」沿線國家著名大學出資設立「絲路」講座教授、「絲路」獎學金、「絲路」研究所等。

4. 增強文化領域的傳播和交流

在對外傳播中，文化認同（Cultural Identification）往往具有奇異的力量，可以打破地理界限，甚至促使受眾對境外的某種文化的認同超過對其自身文化的認同，這種效果在美國、歐洲流行文化在全球的傳播中已多次被證實。過去美國、歐洲等在文化輸出的同時，還伴隨著產品的輸出。文化和產品的結合，不僅促進了美國、歐洲與世界各國在民心上的相通，更促進了政策溝通和貿易暢通，同時也有助於發展美國、歐洲自身的經濟。

歐洲有「三名」（名車、名錶、名牌服裝），美國有「三片」（薯片、影片、芯片）。對中國美食、中國功夫、中國中醫等的大力傳播，不但能使中國更容易與「一帶一路」沿線國家的民眾「交心」，更能改變「一帶一路」建設高高在上、有距離感的形象，讓沿線國家的民眾「暖心」，有利於政策、設施、貿易、資金和民心等領域的互聯互通。

三、企業海外投資的「離岸傳播」

1. 使於四方，不辱君命

企業海外投資，站在「一帶一路」建設的第一線，而企業在外國的形象，基本相當於中國在外國的形象。「宗族稱孝，鄉黨稱弟」還不夠，應該「使於四方，不辱君命」。

部分「走出去」的企業，為賺取更多利潤，在環保問題、超時工作、偷稅漏稅等方面應用太多的「術」，導致其在投資所在國常遭該國政府、民眾詬病，對企業、對中國的形象造成較為惡劣的影響。企業只有在投資所在國多盡社會責任，積極投入慈善事業，讓投資環境變得更好，企業才能做得更大。

2. 通過「離岸傳播」吸引更多資金、技術前來中國

近年歐美國家、日本在多輪量化寬鬆政策之後，資金非常泛濫，需要尋找投資出路。而歐美國家、澳大利亞的養老基金以及中東國家的主權基金，由於其本國的可投資項目已逐漸減少，也紛紛在國際市場上找尋可投資的項目。中國近 14 億人口的龐大市場，也是上述基金緊盯的目標市場。

調研結果顯示，不少外國機構對中國市場一直興致勃勃，過去沒有進入中國是由於不瞭解、不熟悉中國的市場，如今隨著「一帶一路」建設的推進，大量中國企業到海外投資，他們也樂意和海外的中國企業加強合作，通過組建合營公司或者互相參股的方式，既和中國企業共同打開國際市場，又和中國企業一起迴歸中國的市場。

為何說交互式金融傳播方式
有助於「一帶一路」倡議的傳播？

除了我一直呼籲更多研究經濟的學者參與「一帶一路」建設的各個領域，對外傳播更需要這種「經濟通感」之外，「一帶一路」倡議的對外傳播也應該借助交互式金融傳播的模式，向「一帶一路」沿線國家的民眾攻心、交心，更要暖心。

「一帶一路」倡議提出三年多以來，有關該倡議的對外傳播已初見成效，沿線國家對「一帶一路」倡議的各類疑惑有所減少，轉為更加關注「一帶一路」倡議能給他們帶來哪些經濟上、收入上的實惠。

因此，對於「一帶一路」倡議下一階段的對外傳播，我建議應該考慮借鑑交互式金融傳播（交互式金融傳播，指的是在一個傳播管道中，來自受眾的實際反饋被收集，而發訊者將其加以使用，以便不斷地調整或修飾再次傳送給受眾有關金融市場的信息）的方式，讓「一帶一路」沿線國家最關切的問題早日得到答案。

首先，在「一帶一路」倡議的對外傳播上，應考慮更加重視沿線國家的「沉默輿論」或「隱性輿論」，即民眾內部非公開傳播的民意和言論。這些沉默的力量，往往能夠影響真正的輿論流向。我們需要加強從各類媒介、場合收集「沉默的聲音」，再進行有針對性的交互式傳播。

在對外傳播的過程中，也應當考慮加強人際傳播。兩級傳播論的提出者拉扎斯菲爾德（Lazarsfeld）認為，人際傳播比大眾傳播更能改變受眾的習慣和態度。而事實也證明，金融領域的意見領袖如投行經濟學家、財經評論員和股評家等在新媒體、社交媒體上發表的意見，往往比媒體的報導更易讓受眾接受。

其次，我近來已多次提及「離岸傳播」概念。在金融領域，一些國家、地區的金融機構除了從事本國貨幣的存貸款、結算和交易等業務外，也從事其他外幣的存貸款、交易等業務，這類金融活動被稱為「離岸金融」。例如，中國香港、英國倫敦等城市，大力發展人民幣離岸業務，成為人民幣離岸市場。此類人民幣離岸市場，對於推廣人民幣業務，增強各國對人民幣的認可度、吸引力，以及加快人民幣國際化進程功不可沒。

隨著「一帶一路」倡議的推進，亞投行、絲路基金和亞洲金融合作協會等的創建，部分亞洲國家認為這是中國的「經濟殖民」政策，並認為中國想要挑戰美國主導的國際秩序和國際金融體系。

在這種偏見之下，中國除了要加大對外傳播力度外，也可和外交部、中國人民銀行等部委加強合作，借鑑「離岸金融」的理念，用更加「接地氣」的方式闡述「一帶一路」建設對跨境經濟

合作的意義，以及三大金融機構的功能、宗旨，促使更多亞洲國家瞭解、認同和參與「一帶一路」建設。

最後，所謂他山之石，可以攻玉，「一帶一路」倡議的對外傳播，還可考慮借鑑股票、債券、保險等投資經紀人的傳播方式，這樣更易增加沿線國家民眾對「一帶一路」倡議的瞭解。

世上什麼事難辦？成功說服他人乖乖把錢掏出來大概很難，但不少金融市場的經紀人員卻能成功說服民眾把錢拿出來投資。他們既依靠交互式金融傳播方式，更依靠對人性的把握。可以說，美國最強大的傳播隊伍在華爾街，而香港最強大的傳播隊伍在中環。

道理也不複雜，金錢和實惠大多數人都喜歡。不少金融市場的從業人員往往會廣為傳播，告訴民眾他們過去投資的光輝業績，以及未來的回報率，借此吸引更多民眾進行投資。金融市場的投資產品廣受歡迎，離不開金融市場從業人員的努力。

中國在「一帶一路」倡議的對外傳播中，也應借鑑這種方式，關注沿線國家的關切之處，有針對性地進行傳播。我們應該實事求是、實實在在地給沿線國家的民眾傳播，如中國投資於某個項目，可以給某國創造多少國內生產總值、多少就業率，增加民眾多少收入，如何提升了交通效率……提升沿線國家的經濟，給民眾帶來實惠，這才是實實在在的命運共同體。

因此，除了我一直呼籲更多研究經濟的學者參與「一帶一路」建設的各個領域，對外傳播更需要這種「經濟通感」之外，「一帶一路」倡議的對外傳播也應該借助交互式金融傳播的模式，向「一帶一路」沿線國家的民眾攻心、交心，更要暖心。

「一帶一路」影視作品有何經濟效益？

在中國國內以及沿線國家對「一帶一路」倡議的興趣愈來愈濃之際，中國影視界可以考慮仿照《天將雄師》的模式，結合中國香港以及美國同行國際化的優勢，多製作一些與「一帶一路」沿線國家的歷史、飲食以及沿線國家通力合作等題材相關的影視作品。

2016年8月在北京召開的「一帶一路」建設工作座談會上，國家主席習近平對「一帶一路」建設提出了八項要求，其中一項要求是要加大傳播「一帶一路」建設內涵，說好中國故事。要講好中國故事，除了通過媒體的對外傳播之外，影視作品、歌舞作品的對外傳播也是必要的，而且這些作品不但可達到宣揚「一帶一路」精神的效果，也能產生龐大的經濟效益。

筆者相信，未來有兩類題材的「一帶一路」影視作品、歌舞作品有可能發揮強大的影響力，並帶來可觀的經濟效益。

第一類是中國影視界可考慮和中國香港、美國好萊塢合作，

製作更多財經領域的影視作品，以此來宣揚中國是全球經濟的穩定力量及「一帶一路」建設的內涵。筆者曾在多個場合提及，當前，隨著國際經濟、金融體系的逐步一體化，各國民眾對股市、外匯市場等的共同的體驗，已產生了廣泛的「通感」，面對國際經濟、金融市場的表現，語言、風俗、民族、國籍都不再是障礙。

　　美國的好萊塢經常通過拍攝華爾街題材電影，來彰顯美國強大的金融力量以及美國雄厚的經濟實力，讓各國觀眾對美國的經濟產生足夠的信心，從而相信由美國來主導世界金融體系、世界經濟體系是較佳，甚至是唯一的選擇。

　　因此，中國應拍攝更多有關中國財經題材的影視作品，尤其是有多國演員參與的電影作品，拍攝如北京金融街的故事，中國中央政府如何協助香港面對1997年亞洲金融危機的襲擊，中國如何應對2008年的歐債危機、全球金融危機，以及中國如何推動人民幣國際化，開通滬港通、深港通等相關題材。這些題材一方面能夠彰顯中國的經濟實力，另一方面也表明未來隨著中國經濟結構的調整和經濟動力的轉換，中國仍有實力和能力推動「一帶一路」建設。

　　中國成為世界第二大經濟體後，全球各國對中國經濟情況的興趣越來越濃，如果能夠通過財經影視作品來說好中國故事，傳播新時期中國的經濟實力以及「一帶一路」倡議的內涵，相信這不但可以增加各國民眾對中國經濟的信心，也將大大增加「一帶一路」倡議對沿線各國民眾和機構的吸引力，同時也是電影票房的一大保證。

　　第二類是中國影視界可考慮和中國香港、美國好萊塢合作，

製作更多關於絲綢之路歷史題材的影視作品，以此來宣揚中國自古以來就是絲綢之路上和平共處、合作共贏的倡導者。

目前，中國拍攝的與「一帶一路」倡議有關的影視作品不少，但這些作品的目標觀眾主要是中國內地、港澳臺民眾和海外華人，較少有令人印象深刻的影視作品可以令「一帶一路」沿線國家、歐美國家認識、瞭解「一帶一路」倡議的內涵。因此，中國影視界應考慮和中國香港、美國好萊塢加強合作，共同拍攝、製作出既深具國際視野、廣受中國及「一帶一路」沿線國家觀眾喜愛，又符合「一帶一路」理念的影視作品。

此類影視作品之前曾有成功的案例。例如，由中國香港影視巨星成龍、美國影視巨星阿德里安·布勞迪（Adrien Brody）和約翰·庫薩克（John Cusack）等人主演的電影《天將雄師》，雖然其本意或未有與「一帶一路」倡議結合的意思，但在相當程度上卻暗合「一帶一路」倡議內涵，達到傳播「一帶一路」倡議，說好中國故事的效果。這部電影改編自真實的歷史故事，講述在西漢時代漢元帝當政期間，大漢的疆土早已拓展至西域，當時設立的西域都護府，除了加強漢朝與西域各國的交流和合作之外，還負責保障絲綢之路的安全。當時西域都護府的一個大都護，不以天朝上國的身分自居，而以友善、平等的方式與西域各國交往，更以獨特的方式化解各民族之間的矛盾，取得了單靠武力所無法達到的和平盛景。

根據上述真實歷史改編的影片《天將雄師》，主要講述漢朝維護絲綢之路和平，不謀求對他國的統治權的故事。這部電影的主題是以和平共處為宗旨、以和平談判為手段來處理紛爭，以大

公無私、合作共贏來取信於西域各族。

更令人印象深刻的是，電影中還有一個片段：原本不可能按期完成的修城任務，在各族的通力合作之下，按期完成了。其意義是，只要各國通力合作，團結一致，就能創造奇跡。通過這部電影，亦可向「一帶一路」沿線國家彰顯：只要各國在「一帶一路」倡議下加強互聯互通，彼此信任，通力合作，亦能在經濟建設上創造奇跡。

該電影於 2015 年在全球上演之後，不但被稱譽為媲美好萊塢的超級巨作，引起中國及「一帶一路」沿線國家民眾的共鳴和好評，票房收入約 7 億元，還加深了沿線國家的民眾對「一帶一路」倡議的理解，可謂一舉多得。

因此，在中國國內以及沿線國家對「一帶一路」倡議的興趣愈來愈濃之際，中國影視界可以考慮仿照《天將雄師》的模式，結合中國香港以及美國同行國際化的優勢，多製作一些與「一帶一路」沿線國家的歷史、飲食以及沿線國家通力合作等題材相關的影視作品。只要這些影視作品是精心製作的，相信其在中國國內、「一帶一路」沿線國家乃至全球各國上演之後，既能產生較大的經濟效益，又能宣揚「一帶一路」倡議的內涵和精神，促進各國進一步瞭解「一帶一路」倡議並加強和中國的合作，共創多贏局面。

簡而言之，對於中國影視界而言，「一帶一路」倡議未來的推進相信會帶出一個「風口」。業界精英如果能抓住這一機遇，製作出各類傳播中國聲音、講好中國故事的優秀的「一帶一路」影視作品，將能極大地吸引海內外觀眾的關注，並產生龐大的經濟效益。

為何粵港澳大灣區應打造
「一帶一路」中國智谷？

　　粵港澳大灣區共同打造「中國智谷」，推動三個試驗田的建設，不但符合李克強總理《政府工作報告》、中共十八屆五中全會、「十三五」規劃和「一帶一路」建設的相關要求，也是打通「己學」和「彼學」的關鍵，更是中國深度全球化、積極全面參與國際規則頂層設計、與「一帶一路」沿線國家加強互聯互通的新嘗試。

　　國務院總理李克強在 2017 年第十二屆全國人民代表大會第五次會議上做的《政府工作報告》中，首度提到粵港澳大灣區，提出要「研究制定粵港澳大灣區城市群發展規劃」。這意味著粵港澳大灣區已從區域經濟合作上升為國家戰略。

　　而此前召開的中共十八屆五中全會，首次提出要提高中國在全球經濟治理中的制度性話語權。這意味著中國未來將會加快主動參與國際經濟組織的頂層設計，將從國際經濟活動的積極融入者向主動塑造者轉變。但在現階段，中國在國際經濟組織的機制

創新、人才培養、規則引領等方面仍有待提高。

對此，筆者建議在粵港澳大灣區範圍內創建「中國智谷」，共同打造創新試驗田，匯集新型高端智庫、人才試驗田和金融改革試驗田。粵港澳大灣區共創「中國智谷」，打造三個試驗田，不但可為中國在未來積極參與全球經濟治理、提高制度性話語權等方面增加實踐經驗和知識儲備，也有利於中國將成功經驗推廣、複製至全國各地，以推動各地創新產業的發展和經濟結構的調整，進而推動「一帶一路」建設。

在共同打造創新試驗田方面，粵港澳大灣區可在「中國智谷」內率先共建創新企業失敗後的善後機制和退場機制。新增長理論的主要建立者之一、美國經濟學家保羅·羅默（Paul M. Romer）曾指出，經濟增長源自於更好的食譜，而不僅是煮更多東西。羅默教授口中的「食譜」，指的就是創新，就是資源的整合與轉化。創新能夠形成新經濟，是實現經濟社會健康、可持續發展的重要途徑。但環顧全球，無論是科研創新企業，還是創立創新企業，往往會遭遇各類難題，失敗多而成功少。如果任憑科研創新者、創業失敗者自生自滅，不但有損創新、創業的社會氛圍，也不利於創業產業的良性發展。

因此，粵、港、澳三地政府除了要利用資源大力扶持創新科研、發展創新產業之外，還應考慮建立創新企業失敗後的善後機制以及退場機制。

在建立善後機制方面，港、澳業界對公司破產、重組和清盤等方面擁有豐富的國際經驗。粵、港、澳三地政府應共同推出的創新、創業的善後配套機制，利用政府的資源為非因道德風險所

致的創新、創業失敗者，提供公司解散、銀行欠款、租稅負擔、員工遣散和破產清算等方面的援助和保障。這些措施的目的是減少創新、創業者的後顧之憂，並讓失敗者未來可能有東山再起的機會。全球各地的創業經驗均表明，創業失敗者下次創業的成功率，通常比首次創業者的成功率更高。只有大力支持非因道德風險所致的創新、創業失敗者，成功創新、創業的概率才會更大。

在建立退場機制方面，廣東也應當充分利用港、澳資源，研究建立適合非因道德風險所致的創新、創業失敗者的退場機制。事實上，一個創新理念、一件創新產品即使在廣東或全國暫時被視為「失敗」，也未必意味著其在全球範圍內都不被接受、都被認定是「失敗」。

因此，粵港澳大灣區如設有退場機制，科研企業的創新理念、創新產品若暫不被內地市場認同，也可以通過港澳地區的國際資源和人脈，向「一帶一路」沿線國家乃至世界各國推廣、出售。這未必不可令部分創業者和新產品起死回生。此舉若能成功，不但有助於推動粵港澳大灣區成為全國範圍內創新驅動發展戰略的「領跑者」，而且粵港澳大灣區善後機制、退場機制的建立，也有助於中國探索與其他國家共同制定國際規則的路徑。

在匯集新型高端智庫、人才試驗田方面，粵港澳大灣區可在「中國智谷」內，創建高端智庫和國際人才合作平臺。對廣東至各地而言，目前最缺乏的不是資金和項目，而是思想和人才。環顧全球，要實施科技創新、發展創新產業，上述要素缺一不可。我們看到，科研水平很高，培育了大量優秀創新人才的法國，卻由於法規、語言和貨幣等領域未能與國際接軌，導致國際市場拓

展能力欠缺，常常淪為為他國「作嫁衣裳」。由法國人創辦的Criteo、Scality和eBay等國際性科技公司，紛紛遠赴他國上市並落地生根，反而無力推動法國本土的創新經濟。

因此，廣東亟須將短板補上。臨近廣東的港澳地區，擁有國際一流水平的高等院校、科研能力、教育資源，國際化的貿易與金融人才以及來自北美和西歐國家的頂級科研人才，可彌補廣東科研水平較低和創新人才培育不足的短板。中國香港作為國際金融中心，更可在金融、語言、法律、會計等專業服務領域，為廣東創新企業提供與國際接軌的路徑。

在具體合作方面，除了粵、港、澳三地的高校、科研機構合作進行科研攻關、共同培育創新人才，成為會展經濟以及生產性服務業的載體，在資訊以及培訓等方面發揮作用之外，廣東政府還應鼓勵、支持省內科研企業在港澳地區設立分部，通過與港澳地區的多層次合作，借助港澳地區的語言、文化和法制教育環境等的國際化和便利化，吸引和招聘更多外國高端科研人才、頂尖大學畢業生，對內充實科研創新力量，對外進一步開拓國際市場。

此外，中國要加強參與國際經濟組織的頂層設計，更應考慮在粵、港、澳三地的新型高端智庫、人才試驗田內，結合廣東自貿區的政策和港澳地區在國際貿易中的經驗和資源，積極探索如何打破關稅及以關稅為主所形成的各種貿易壁壘，也可考慮和「一帶一路」沿線國家共同制定稅務方面的「負面清單」，讓包括中國在內的各沿線國家的企業，可根據這份清晰的「負面清單」到東道國投資。

更為重要的是，在「中國智谷」內創建的高端智庫和國際人才合作平臺，有助於建立一個符合國際規範的工作環境和文化，以避免出現全球化和本土化地衝突的情況。

在金融創新試驗田方面，當前滬港通、深港通已開通，債券通也即將開通，未來可通過利用雙方既共通又互補的金融優勢再向前一步，在「中國智谷」內共創一個「粵港澳交易所」。

除了 2017 年全國兩會的《政府工作報告》外，早在 2015 年 3 月，國家發改委、外交部、商務部聯合發布的《推動共建絲綢之路經濟帶和 21 世紀海上絲綢之路的願景與行動》中，也提出要打造「粵港澳大灣區」。兩份方案的相關內容均顯示，兩地未來的合作仍然集中在物流、航運、金融和專業服務等領域。對於這些領域，過去無論是《內地與香港關於建立更緊密經貿關係的安排》（CEPA）還是自貿區均已涉及，如今在這些領域繼續加強合作略顯新意不足，也較難有效提升中國在國際金融市場、國際經濟組織的地位。

因此，筆者曾在多個場合公開談及，可考慮在粵港澳大灣區範圍內，如在深圳前海地區創立一個「粵港澳交易所」。該交易所可考慮由粵、港、澳三地交易所共同出資、共同經營和管理，在交易所的規則、制度和技術等設置上進行創新，既採用內地和香港股市現行的標準，又吸納美國交易所或歐洲大型交易所的規則，通過這種中西結合的方式來創建新交易所。同時，「粵港澳交易所」可與「一帶一路」沿線國家的交易所進行「互聯互通」，在「粵港澳交易所」上市的企業，也能在沿線國家的交易所同時上市。

此外，該交易所的標準，既要「接地氣」，不可「曲高和寡」，又要有創新，以「不管是土貓、洋貓，能抓耗子的就是好貓」的態度，在顧及中國現實情況的同時，汲取歐美交易所的精華，創造一個嶄新的交易所。兩地若能共建此新型交易所，應該是粵港澳地區所樂見的，也應是三方希望促成之事。而且，未來香港、澳門、廣東甚至包括全國都大有受益。

一方面，新交易所應採取當今國際上有利於創業企業上市的條款，這將有助於吸引更多的中國企業前往上市，避免「牆內開花牆外香」的情況出現。目前，無論是港股還是 A 股市場，都受限於現有的規則、制度，導致阿里巴巴、百度等大型公司轉往美國上市，令人惋惜。而且，日本、新加坡和臺灣等的交易所，都計劃推動類似滬港通、深港通的互聯互通機制，致力於建立一個覆蓋東亞、東盟國家及大中華區的市場，以抗衡中國滬、深、港三地聯合帶來的衝擊，並爭奪更多的市場份額。新型「粵港澳交易所」的出現，可以吸納原本計劃前往美國上市的中國企業，以及已在美國上市但有意迴歸的中國企業轉往新交易所上市。這無疑可鞏固和進一步發展粵港澳大灣區。粵、港兩地的金融地位和市場份額，也能為粵、港、澳三地在未來的深度融合上，探索出一個創新的合作模式。

另一方面，全新、開放的上市平臺以中國為紐帶，可深化各國商界的關係和經濟的聯繫，有助於增強「一帶一路」沿線國家對中國的認同，促進中國進一步主動參與國際金融體系。隨著全球各國金融系統日益趨於互聯互通，「金融語言」已逐漸成為國際共同的語言，各國民眾對企業上市以及股價、股市的波動等的

共同的體驗，已產生了具有廣泛認同性的「通感」。在這種「通感」面前，不同的語言、風俗、民族和國籍都不再是障礙。

中國未來與「一帶一路」沿線國家在金融領域的合作中，「粵港澳交易所」不但可以給沿線國家的企業，以及前往沿線國家投資的中國內地企業、香港企業多提供一個可以上市的交易所，而且會增加沿線國家的民眾、投資者的這種「通感」，以金融語言的「潤物細無聲」般的方式加強與沿線國家乃至與全球金融市場的溝通。

採取新規則、更能與國際市場接軌的「粵港澳交易所」，有助於拓展粵港澳大灣區融合的深度和廣度，可探索的領域將比滬港通及深港通更多。這既能為中國內地民眾及「一帶一路」沿線國家的民眾累積和繼續增加財富開闢新出路，也能推動中國在金融、會計和法律等眾多高端服務業與國際市場全面對接，推進標準互認，甚至推動共同制定相關行業的國際標準，推動中國「標準」走出去，促使中國真正成為國際經濟、金融市場的維護者、建設者和貢獻者。

簡而言之，粵港澳大灣區共同打造「中國智谷」，推動三個試驗田的建設，不但符合李克強總理《政府工作報告》、中共十八屆五中全會、「十三五」規劃和「一帶一路」建設的相關要求，也是打通「己學」和「彼學」的關鍵，更是中國深度全球化、積極全面參與國際規則頂層設計、與「一帶一路」沿線國家加強互聯互通的新嘗試。

香港是如何抓住「一帶一路」建設機遇的？

　　作為國際自由港、國際貿易中心的香港，過去數十年在海外投資的過程中，累積了豐富的國際資源和成功的國際經營經驗。如果「一帶一路」倡議能夠有機結合香港的資源和經驗，將有助於推動中國內地企業增加境外直接投資、開拓海外市場、擴大產品輸出、消化過剩產能及突破貿易障礙等的國際化進程，為政策的全面、成功落實奠定堅實的基礎。

　　中國已將「一帶一路」倡議確立為中長期發展規劃。作為一項關乎全方位對外開放、經濟結構轉型升級、實現穩定可持續發展成敗的新國策，「一帶一路」倡議目前亟須規劃出具體的、具有可操作性的措施。同時，我們也需要對這項龐大的工程進行專業的風險評估，以應對推動的過程中將遇到的考驗。

　　多年來，中資企業的「走出去」進程一直面臨不少挑戰。目前，中國內地對外投資企業超過一半仍處於虧損狀態。由於許多投資的經濟效益不彰，以國企為主體的對外投資行為易被外界視

為有政治目的，而以民企為主體的對外經濟行為又常面臨未對投資國環境進行全面審查、不熟悉國際投資的遊戲規則、缺乏市場變化經驗以及跨境融資難等問題。

當前，中國設立了絲路基金及亞洲基礎設施投資銀行等金融組織，並準備動用龐大的外匯儲備，提供巨量資金投資「一帶一路」沿線國家的基礎設施和第二產業。但是，如果企業海外拓展的盈利能力不能得到顯著提高，則這項龐大的投資將面臨回本過程漫長、投資回報率低甚至部分投資將成為壞帳的風險。

而且，中國規模巨大的過剩產能能否順利轉移到「一帶一路」沿線國家，沿線國家是否有足夠的消化能力，沿線國家政局以及對華關係是否能維持穩定，甚至外界對「一帶一路」政策是否存有疑慮等都可能極大地影響到投資的效果。

面對上述種種挑戰，如果沒有具體的、具有可操作性的應對措施，不但已經「走出來」的企業的對外投資容易再遇挫折，而且原本有意「走出去」的企業會心懷懼意，有可能拖慢「一帶一路」建設的落實。

建鑲嵌性自主的時空集團

作為國際自由港、國際貿易中心的香港，過去數十年在「走出去」「走進去」和「走上去」的歷程中，累積了豐富的國際資源和成功的國際經營經驗。如果「一帶一路」倡議能夠有機結合香港的資源和經驗，將有助於推動中國內地企業增加境外直接投資、開拓海外市場、擴大產品輸出、消化過剩產能及突破貿易障礙等的國際化進程，為政策的全面、成功落實奠定堅實的基礎。

其一，可結合香港的資源和經驗，促成跨界、跨境的「時空

集團」，推動內地企業進一步「走出去」。

許多香港企業「走出去」之所以成功，除了企業決策者本身擁有國際視野，具有制定與實踐海外投資戰略的豐富經驗外，更多的是企業借助香港由政府、半官方機構和各大商會組成的三位一體、群策共生的力量，避免了單打獨鬥。

香港實質奉行的是有導向的自由貿易主義，由政府引導經濟和企業發展大方向；半官方機構如貿易發展局、生產力促進局等扮演探射燈角色，集中力量於國際貿易協商和市場拓展；中華廠商聯合會、香港工業總會等各大商會，則彌補政府部門和半官方機構的不足，通過分析研討會、實地調研考察等方式，為會員提供新興市場詳盡的投資指南，以及為會員企業在對外投資中有關金融、基建、商貿等各方面的具體需求提供服務。

香港這套鑲嵌性自主（Embedded Autonomy）的機制運行多年，官方和民間協調互動（鑲嵌性）的合作行之有效。歐美國家、日本等也有類似的機制。

在「一帶一路」倡議的背景下，國家有關部門也可以考慮借鑑這套機制，針對「一帶一路」建設中某些重點的國家、產業和項目，在香港組建一個或多個「時空集團」（Time-Space Envelope）。

所謂「時空集團」，是著重地區性合作的跨界、跨境合作組織，過去20年來被用以概括東南亞地區和歐盟部分國家的合作模式。「一帶一路」倡議下的「時空集團」，可由內地、香港的相關官方部門、半官方機構、銀行、基金和商會等組成，三地相關民營企業共同參與的一個戰略網路和投資平臺。

在具體操作中,「時空集團」的參與者可在香港成立針對特定國家、產業和項目的專項海外投資基金或投資機構,通過內地參與者自身的資源,結合港澳地區熟悉國際市場規則、具有豐富國際投資經驗、信息發達等對外投資的先發優勢。這除了可以用香港元素淡化國家色彩外,也有助於解決內地企業「走出去」過程中不瞭解國際市場規則、跨國語言和文化差異等問題。

此外,「時空集團」中的內地企業尤其是中小企業,除了可在絲路基金和內保外貸、跨境融資等平臺進行融資外,還可通過國際金融中心香港進行融資。香港在整個「一帶一路」建設輻射的區域均具有顯著的金融比較優勢,完全可以打造成中國企業對外投資中融資的另一主渠道,為中小企業拓展融資渠道、降低融資成本。

創符合國際標準的投資機制

其二,可結合香港的資源和經驗,建立起一套完整的國際化、高標準的投資及後續服務機制,推動中國內地企業深入境外市場,真正「走進去」。

在對外投資過程中,由於不少「一帶一路」沿線國家與中國的產業結構相似,雙方貿易競爭較強,中國過剩產能進入這些國家較為困難。而且美國、日本等的跨國企業對投資「一帶一路」沿線國家興致勃勃,中國企業又遭遇強勁競爭對手。在過去的經驗中,部分沿線國家政府更迭後,甚至輕易推翻與中國企業簽訂的合同。

面對上述挑戰,一方面,中國內地企業可聯合具備一流國際服務水平的港澳企業共同「走出去」,除了投資基建等硬件外,

更為沿線國家提供高標準、高效益、高附加值的服務軟件，讓沿線國家依賴、離不開中國企業的投資，歡迎中國企業的投資。

具體而言，中國在對沿線國家進行高鐵、鐵路、機場和港口等基礎設施建設時，可聯同香港的港鐵公司、機管局、港口營運商和澳門的休閒旅遊業經營者共同「走進去」。

雖然香港企業並不擅長修建大型基礎設施，但在營運、服務上卻有其獨到的經驗。香港港鐵公司在車站管理、車站設計的便利性上有口皆碑，其車站上蓋房的房地產綜合發展模式更讓港鐵成為全球極少數盈利的公共交通系統。香港機管局在機場設計、航班管理和高效運作上也早已達到國際一流水平。作為國際航運中心，香港的港口營運商在碼頭建設、航運調配和國際物流方面，澳門的休閒旅遊業經營者在城市整體旅遊規劃方面，都擁有豐富的經驗。

另一方面，一般香港企業在「走進去」投資國時，較少有合同被無故撕毀的遭遇。這是由於香港作為開放、成熟和國際化的城市，除了在政治、法律、經濟、市場等領域都與國際接軌外，還擁有大量國際一流的法律、會計、金融等專業人才，可為企業對外投資提供專業風險評估和法律保障。港澳企業大多也非常遵守專業化原則，對外投資均採用符合當前國際標準的模式。

因此，在對外投資新機制的制定和推行過程中，國家有關部門可邀請香港更多地參與對外投資機制的設計和規劃，摒除部分內地企業依靠人際關係、黑箱作業等的對外投資手法，借鑑香港機構和企業的經驗，與投資所在國政府在國際法律體系基礎上建立透明、可信任的專業化、正常化對外投資合作模式，創建行之

有效、符合甚至超過國際標準的對外投資新機制。

設傳媒機構宣揚理念

其三，可利用香港的資源和經驗，設立傳媒機構和研究院長期宣傳「一帶一路」倡議的理念，推動內地企業進一步「走上去」。

眾多香港企業的對外投資之所以能夠成功「走出去」「走進去」，而且還能提升地位「走上去」，被投資所在國視為本土企業，一大重要因素就是其擅長與投資所在國的政府、媒體和公眾打交道，有清晰的投資理念，更樹立了正面、良好、負責任的形象，從而為自身贏得了相當友善的投資環境。

這正是不少中國內地企業所欠缺的，而且不少沿線國家對中國實施「一帶一路」政策存有較多疑惑。因此，中國內地可在港澳地區設立與「一帶一路」倡議相關的傳媒機構、研究院，同時鼓勵和資助內地機構在香港設立智庫總部和智庫分部，宣揚「一帶一路」政策理念，為中國內地企業「走上去」營造有利環境。

在香港設立傳媒機構方面，香港是國際傳媒機構的亞太總部所在地，國際傳媒人才濟濟。國家有關部門可考慮結合香港的有關機構，在香港成立全新的傳媒機構，通過全面聘請在香港的國際一流傳媒人才，以中國的視角，通過國際語言和國際化視野，排除西方語系、西方話語權的干擾，向沿線國家宣揚「一帶一路」倡議和平發展、經濟互融和互信包容的理念，讓沿線國家和國際社會消除對「一帶一路」政策的疑慮並參與推動「一帶一路」倡議的順利實施。

在香港設立研究院方面，建議內地有關部門和大學與香港的

大學合作，通過香港地區的國際化、專業化等優勢和便利條件，淡化國家、政治色彩。例如，可在香港設立「一帶一路」研究院，除了招收中國內地、沿線國家的留學生，培養建設「一帶一路」的人才之外，更面向沿線國家的政府官員、商貿人士開設高級培訓班，進一步解讀「一帶一路」政策和理念，提供交流、找尋商機和商貿合作的平臺。

在鼓勵和資助內地機構在香港設立智庫總部和智庫分部方面，這些智庫可通過與傳媒集團、研究院有機結合，並進一步與香港本地智庫、國際智庫接觸和溝通，加強宣揚「一帶一路」政策和理念，並充分利用香港地區的優勢和平臺，為「一帶一路」建設進程中的各類議題建言獻策。

華人華僑可為「一帶一路」建設、人民幣國際化做什麼？

只要措施得當，人民幣國際化可率先在海外的三四億華人、華僑中實現，進而在「一帶一路」沿線國家實現。10年以後，人民幣占全球外匯儲備的比例有望從目前的1.1%大幅攀升到5%~10%。

「一帶一路」建設有助於推動人民幣國際化進程，已成為大家的共識。數據顯示，中國已先後與30多個國家和地區簽署了本幣互換協議，其中有22個是「一帶一路」沿線國家。在23個與中國實現貨幣直接交易的國家中，有8個是「一帶一路」沿線國家。在中國大力發展的人民幣跨境支付系統（CIPS）中，眾多「一帶一路」沿線國家金融機構也參與其中。

相信未來隨著「一帶一路」建設的持續推進，加上近年來中國政府對外國投資者開放股票和債券市場，以及2017年中國將在內地及香港推行「債券通」等措施，將會推動沿線國家更多地使用人民幣，人民幣國際化有望率先在沿線國家實現。

當然，我們也必須清醒地看到，推動人民幣國際化進程的道路仍然比較漫長。近年來人民幣的貶值、中國資本的外流，令國際投資者對以人民幣計價的債券及股票的興趣不大，以及多數外國的央行也沒有實質地將人民幣作為儲備貨幣等原因，導致人民幣僅占全球外匯儲備的 1.1%，遠低於美元 64% 的占比及其他主要貨幣的占比。

人民幣國際化另一主要的挑戰，則是遭遇其他主要貨幣的「排擠」。除了美元外，人民幣的國際化，會挑戰到歐元、英鎊和日元等國際主要貨幣的地位和市場份額，壓縮這些國家的鑄幣稅收入。這些國家若不欲遭人民幣「斷錢財」，自然會對人民幣國際化「指手畫腳」，進而「動手動腳」。因此，如果說美元不想看到人民幣國際化挑戰其地位，所採取的措施是「陽謀」的話，那麼，歐洲、日本等則會對人民幣採取「陰謀」。人民幣要國際化，實質是遭遇西方多國的圍堵。

那麼，這是否意味著人民幣國際化舉步維艱呢？答案是否定的。一方面，作為世界第二大經濟體，中國經濟在全球的重要性及關聯性持續增強，長期而言，人民幣作為儲備貨幣及國際匯兌貨幣仍有很大潛力。

另一方面，如果善用海外華人、華僑的力量，可以增強人民幣在國際上的影響力。而且，海外華人、華僑，尤其是處於「一帶一路」沿線國家的華人、華僑對人民幣確實有龐大的需求。他們願持人民幣至少包括較保險、能兌換和較穩定這三個原因。

具體來說，在較保險方面，在不少「一帶一路」沿線國家中，華人、華僑對該國經濟的影響大，甚至佔有主導地位，但在

政治上的地位相對較低。如果這些華人、華僑的資產都是該國貨幣的話，從安全方面考慮並不是最佳的選擇，而增加海外資產配置（如人民幣資產），則對個人財產的安全而言是比較保險的做法。

在能兌換方面，在香港這個全球最大的人民幣離岸市場，以及在眾多「一帶一路」沿線國家，要兌換人民幣，或將人民幣兌換成其他貨幣，無論是在官方金融機構，還是在民間金融機構，手續都並不複雜，這為華人、華僑在貨幣兌換方面帶來極大的便利性。

在較穩定方面，不少「一帶一路」沿線國家的貨幣匯率波動幅度較大，部分更嚴重貶值，並且貶值幅度往往達到雙位數。相比之下，人民幣匯率貶值幅度較小，相對穩定，這也是吸引沿線國家華人、華僑增持人民幣的原因。

既然華人、華僑對人民幣有實質需求，那麼要吸引「一帶一路」沿線國家的華人、華僑大量增持人民幣，從而推進人民幣的國際化，則需要國務院僑務辦公室與中國人民銀行、國務院港澳事務辦公室、中央統戰部等多個部委通力合作，出抬相關措施。和海外華人、華僑聯繫非常緊密的高校如暨南大學、華僑大學等學術機構，也可考慮進行相關課題研究，為人民幣國際化如何更好地借助華人、華僑力量提供學術支持。只要措施得當，人民幣國際化可率先在海外的三四億華人、華僑中實現，進而在「一帶一路」沿線國家實現。10年以後，人民幣占全球外匯儲備的比例有望從目前的1.1%大幅攀升到5%~10%，屆時人民幣將可逐漸挑戰甚至取代歐元、日元和英鎊的國際地位。

「一帶一路」建設需要什麼樣的中國港口？

中國各大港口要想增加港口的國際競爭力，可以研究、借鑑香港、倫敦、新加坡以及鹿特丹這幾個國際航運中心的發展經驗，在信息化、多元化、個性化這三個方面多下功夫。

自 2008 年爆發全球金融危機以來，歐美經濟增長乏力，國際貿易增長速度持續減緩，全球航運版圖也發生了變化。無論從三大航運板塊中的集裝箱、干散貨，還是從液體散貨中的任何一項來看，都顯示出世界航運的重心開始出現由西方向東方移動的趨勢。

在這樣的背景下，中國政府提出「一帶一路」倡議，並按照「一帶一路」願景和規劃提出要重點推進口岸基礎設施建設、陸水聯運，促進港口合作，增加海上航線和班次以及加強海上物流信息化合作等內容。這不僅將激活、擴大中國和「一帶一路」沿線國家的港口貿易和合作，也將激勵中國沿海地區的各大港口加緊建設，爭取成為新的國際航運中心、新的國際航運中轉中心。

當然，所謂「羅馬不是一天建成的」，中國的港口要發展成為新的國際航運中心，還面臨諸多挑戰。

中國各大港口要想增加港口的國際競爭力，可以研究、借鑑香港、倫敦、新加坡以及鹿特丹這幾個國際航運中心的發展經驗，在信息化、多元化、個性化這三個方面多下功夫。

其一，在信息化方面，「一帶一路」沿線國家多數是新興國家和發展中國家，所涵蓋的總人口約44億，經濟總量約21萬億美元。沿線國家這麼龐大的經濟規模、活躍的經濟發展態勢，未來不但能夠產生巨大的貨運需求、倉儲物流需求、國際採購需求、分銷和配送需求、國際中轉需求，也將產生巨大的檢測和售後服務維修需求、商品展示需求、產品研發和加工製造等港口功能需求。

沿線國家未來如此多、如此複雜的需求，將促使中國沿海的各大港口走向信息化、智能化進程，以提升貨運容納能力和效率、港口營運管理能力，主動應對日益增多的客戶需求，提高自身競爭力。而且，各大港口要從過去的傳統業務向綜合物流服務轉型，與之相對應的信息化服務能力要求也將水漲船高。

香港在港口發展過程中累積的信息化、智能化、最優化的國際現代港口的經驗，值得中國各大港口借鑑。

近年來，香港面對中國內地、周邊國家和地區的港口的競爭，若只是盲目地擴建港口或配套措施，只會陷入重複投資和惡性競爭，對香港既有的優勢甚為不利。

面對四方八方的競爭，香港的港口首先採取先進的信息化系統，除了推出香港首個為航運業提供一站式電子商貿平臺的網站

外，還推行數碼貿易運輸網路系統（DTTN），利用現代物流技術和電子信息管理技術，為產品創造空間和時間價值，減少積壓資金，降低配送和倉儲成本，把供應鏈管理、電子商貿、及時供貨和零庫存等概念聯繫在一起。

此外，香港的港口也新建了新興的倉儲管理系統、零售管理系統及全球追蹤系統，加強對資金流和信息流的管理，使整個供應鏈更有效率。

香港港口的信息化系統，不但為各大進出口貿易公司、各大工廠、海外買家和採購商提供統一的電子貿易平臺，也為這些公司提供非常便利的條件。這增強了投資者對香港的信心，也進一步增強了香港在亞洲各大港口的競爭力，有助於香港對外貿易的蓬勃發展。

中國內地的港口可以借鑑香港港口的發展經驗，加快智能化、信息化進程，使供應鏈上的各種資源、各個參與者能夠無縫對接，以此提高效率，增強競爭力。

其二，在多元化方面，中國沿海地區的港口，要突破以推高裝卸數量來競爭的思維，向航運金融、海事資產管理等高增值服務發展。港口多元化發展方面，新加坡和倫敦的港口可以提供經驗。

當年，倫敦的港口業務受到歐洲其他國家新崛起的港口的衝擊，難以保持優勢。面對這種衝擊，倫敦的港口轉變了過去單一港口營運商的角色，開始多元化發展，提供航運金融、保險、經紀、諮詢等綜合服務。這種多元化發展反而促使倫敦港口成為連接國際航運中心和國際金融中心的重要紐帶，在航運金融服務方

面佔有絕對的優勢。

新加坡的港口同樣是多元化發展。新加坡改變了以碼頭裝卸為主的勞動密集型業務，轉向發展知識密集型業務，致力於吸引外國航運公司、海事公司到新加坡設立區域總部，培養更多的具國際視野且能靈活變通的航運人才。這些措施均鞏固了新加坡港口作為區域航運中心的地位。

因此，中國沿海港口未來要多元化發展，一方面，可以加強和「一帶一路」沿線國家的聯盟關係，加強與各大港口之間的合作；另一方面，也可考慮提供航運金融、保險、經紀、諮詢等方面的服務，以提升港口的整體競爭力。

其三，在個性化方面，荷蘭的鹿特丹港則提供了很好的借鑑經驗。為了跟上全球貿易、國際運輸和物流的發展趨勢，鹿特丹港務管理局不斷進行功能調整，包括改變港務管理的傳統職能、擴大港口區域、允許設立船公司集裝箱碼頭、大力發展腹地交通、促進物流專業人才的教育和培訓、發展信息港、提供更為有效的海關服務、推銷配送園區概念等。

尤其重要的是，鹿特丹港還為客戶提供個性化運輸，用非常規的私人定制的方式來吸引客戶，滿足客戶的要求，同時還給客戶提供中轉服務與多式聯運相結合的服務等。

鹿特丹港可提供個性化的服務，促使鹿特丹港物流中心的配送園區成為許多企業在歐洲建立配送中心的所在地，也是小企業把貨物交付給一個能保證實時送貨到全歐洲的放心的物流服務商。這也是鹿特丹港吞吐的貨物中有80%的貨物的發貨地或目的地不在荷蘭，大量的貨物在港口通過一流的內陸運輸網進行中

轉，在48小時內可運抵歐盟各成員國的原因。中國沿海的港口要增強競爭力，在個性化服務方面也要相應地增強。

世界上有多大的船舶，中國的港口就有多大的碼頭。在「一帶一路」倡議背景下，中國的港口要進一步向信息化、多元化和個性化方向發展，打造成為「海、陸、空、鐵」多式聯運樞紐中心，通達「一帶一路」沿線國家。只有這樣，我們的港口未來才有可能逐步晉升為新的國際航運中心、轉運中心，並在注重研究、創新及信息服務，具備足夠而有效的文化與人才資本的第三代國際航運中心爭奪戰中拔得頭籌。

「一帶一路」國際合作高峰論壇之後的未來發展趨勢是什麼？

「一帶一路」國際合作高峰論壇召開之後，未來「一帶一路」建設將有八個發展目標：設重點，尋優先，走出去、引進來、內聯外通，要落地，金融創新，加強人文合作，構建理論體系，完善安全評估體系。

2017年5月14日至15日在北京召開的「一帶一路」國際合作高峰論壇，是「一帶一路」倡議提出以來召開的規模最大、層次最高的一次盛會。全球一共有1,500多名代表參加，包括30個國家的元首和政府首腦，逾100個國家的部長，60多個國際組織的負責人。該論壇的共識如下：

其一，要實不要虛。

希望「一帶一路」建設未來更多地體現到一些具體的經濟方案和能源、交通、基建等項目上。

其二，聚集智慧。

「一帶一路」建設不是中國的獨奏曲，而是全球的大合唱，

希望更多全球各國的學者參與研究「一帶一路」建設。

其三，吸引更多的國家參與「一帶一路」建設。

通過重點合作國家的示範作用，希望各國能看到「一帶一路」建設的成果。中國歡迎感興趣的國家和國際組織以不同的方式參與合作，讓成果惠及更廣區域、更多人民。

論壇召開之後，未來「一帶一路」建設將有八個發展目標：

第一，設重點。把握重點方向，聚焦重點地區、重點國家、重點項目，抓住發展這個最大公約數，不僅要造福中國人民，更要造福「一帶一路」沿線各國人民。

「絲綢之路經濟帶」有三大走向：一是從中國西北、東北經中亞、俄羅斯至歐洲、波羅的海；二是從中國西北經中亞、西亞至波斯灣、地中海；三是從中國西南經中南半島至印度洋。「21世紀海上絲綢之路」有兩大走向：一是從中國沿海港口過南海，經馬六甲海峽到印度洋，延伸至歐洲；二是從中國沿海港口過南海，向南太平洋延伸。

第二，尋優先。重點支持基礎設施互聯互通、能源資源開發利用、經貿產業合作區建設、產業核心技術研發支撐等戰略性優先項目。

第三，走出去、引進來、內聯外通。鼓勵國內企業到「一帶一路」沿線國家投資經營，也歡迎「一帶一路」沿線國家企業到中國投資興業。

「一帶一路」建設要同京津冀協同發展、長江經濟帶發展等國家戰略對接，同西部大開發、東北振興、中部崛起、東部率先發展、沿邊開發開放相結合，帶動形成全方位開放、東中西部聯

動發展的局面。

　　第四，要落地。以基礎設施互聯互通、產能合作、經貿產業合作區為抓手，實施好一批示範性項目，多搞一點早期收穫，讓有關國家不斷有實實在在的獲得感。

　　第五，金融創新。解決資金從何而來的問題。創新國際化的融資模式（如僑民融資、主權基金、養老基金等），深化金融領域合作，打造多層次金融平臺，建立服務「一帶一路」建設長期、穩定、可持續、風險可控的金融保障體系。

　　第六，加強人文合作。切實推進民心相通，弘揚絲路精神，推進文明交流互鑒，重視人文合作。加強教育文化合作、科技合作、旅遊合作、衛生健康合作等。

　　第七，構建理論體系。加強「一帶一路」建設學術研究、理論支撐、話語體系建設。

　　第八，完善安全評估體系。推進安全保障體系建設，完善安全風險評估、監測預警、應急處置體系。

為何說「一帶一路」倡議
有無處不在的經濟機遇？

「一帶一路」倡議自 2013 年年底被提出以來，引發了各國的關注。「一帶一路」源自古絲綢之路，但並不局限於古絲綢之路的理念、範圍，而是富含 21 世紀的時代氣息。與自發的、「有機」的古絲綢之路不同，「一帶一路」倡議是由中國首先提出的，既對中國的發展、責任提出了新的要求，也為正陷入泥淖的世界經濟開出了一劑良方。

2017 年 5 月 14 日在北京召開的「一帶一路」國際合作高峰論壇，更是吸引了來自 29 個國家的元首、政府首腦，以及超過 130 個國家的政府官員、經貿領袖的積極參與，引起了世界各國對「一帶一路」倡議的更大的關注。國際學術界也通過各種理論體系來研究和分析「一帶一路」倡議，希望以此進一步瞭解「一帶一路」倡議的真正內涵並判斷其未來發展趨勢。

現有理論難分析「一帶一路」倡議

「一帶一路」倡議並不僅僅是經濟措施，也並不局限於單一

的科技、地緣政治或文化交流。它是上述所有領域的集合體。只有將這些領域全面納入考慮，才能理解「一帶一路」倡議的深刻內涵。需要重點提出的是，在發展「一帶一路」理論的過程中，各國學者對其他文明和地區的行為方式、思想觀點的包容與尊重是至關重要的，有助於「一帶一路」理論體系的快速形成。

筆者通過總結發現，包括中國在內的各國學者，目前主要通過以下理論來分析「一帶一路」倡議。

以國際關係學理論來研究「一帶一路」倡議的學者最多。這些學者認為「一帶一路」倡議是中國的西進戰略，是中國想要和以美國為首的西方國家競爭而提出的。但是筆者認為，國際關係學理論解決不了「一帶一路」倡議提出的貿易暢通、資金融通等問題，僅以國際關係學理論來解釋「一帶一路」倡議有失偏頗。

還有不少學者通過地緣政治學理論來分析「一帶一路」倡議。雖然政治學有經濟學所理解不了的動機，但是，所有政治都是「家門口的事」。對於很多國家而言，其「家門口的事」是如何發展經濟，如何開展國際經濟合作並從中受益，而「一帶一路」倡議的提出，正好可以協助各國解決「家門口的事」。因此，僅用地緣政治學理論來分析「一帶一路」，並不完全正確。

以區域經濟學理論來分析「一帶一路」倡議的學者也不少。然而，「一帶一路」倡議提出要向全球提供公共服務、公共產品，並與全球經濟分享中國的發展經驗和模式，而區域經濟學理論並沒有涵蓋這些內容。

也有部分學者通過文化經濟學理論來分析「一帶一路」倡議。雖然文化有助於民心相通，打造文化產品有助於推動貿易暢

通、資金融通，但是「文化+經濟」如何解決政策溝通、設施聯通問題，如何令「一帶一路」沿線國家認可、接受中國的文化及產品，如何解決共同打造人類命運共同體的問題？由此可見，文化經濟學理論也並不能解釋「一帶一路」倡議的所有現象。

還有學者提到發展經濟學理論。發展經濟學理論比較適合「一帶一路」沿線國家中的發展中國家和新興國家，但並不適合沿線國家中的發達國家，也不適合金融領域的互聯互通。

全球化理論也被很多學者用來解釋「一帶一路」倡議。雖然人類所面臨的經濟、政治、生態等問題越來越具有全球性，但是，隨著全球化進程的日益深入，各國的國家主權事實上已經受到不同程度的削弱，而「一帶一路」倡議的內涵，並非是為了通過全球化來干涉他國的主權和內政。

除了上述理論外，其他還有一些理論也被用來分析「一帶一路」倡議，如歷史地理、生態環保、醫療衛生、教育文化、區域國別、民族宗教、公共外交、民間外交、地方外交、全球價值鏈、全球生產鏈、全球產業鏈、全球治理、公共產品、國家形象、輿論傳播、公共政策等。這些理論雖然能部分解釋「一帶一路」倡議的現象，但是都不能完整地體現「一帶一路」倡議的所有內涵。

「一帶一路」原創理論有不足

針對以上理論體系的缺陷，有學者根據「一帶一路」倡議的內涵提出了「一帶一路」原創理論：雙環流理論、全球互聯互通理論和共同現代化理論。

其一，雙環流理論。雙環流理論指的是，「一帶一路」倡議

是中國在全球價值雙環流結構中，構建以中國為主導的亞歐非大區域治理平臺，平衡經濟治理與社會治理，從而促進本國產業結構升級，實現和平崛起的一套全球治理機制。

然而，該理論的問題在於，「一帶一路」倡議的範圍並不僅限於亞歐非，而是全球任何認可「一帶一路」倡議理念的國家，都可參與其中。此外，若「一帶一路」倡議僅以中國為主導，沒有美國、日本和主要歐盟大國的參與，那麼這種情況下的全球治理是有缺陷的。

其二，全球互聯互通理論。互聯互通的目的在於促進相關國家之間交往的便利化。互聯互通是一種平等的關係網路，沿線國家間「不通」的地方少了，彼此才能更容易從更強的關係網路發展到合作共贏的共生體系中。「對接」是互聯互通理論中的一個重要詞彙，指合作各方將彼此的需求對接，強調的是平等和相互尊重，是合唱而不是獨奏。

該理論的問題在於，要做到互聯互通，「一帶一路」倡議的理論基礎就應該且必須包含其他文明的行為方式與方法，並對此有深刻的理解。這顯然是不容易的。此外，「一帶一路」倡議僅是「對接」的話，又如何為全球的經濟發展探索出一條比當前更有效的發展道路，以及如何凸顯中國智慧、中國模式對全球經濟復甦、經濟穩定的作用？

其三，共同現代化理論。共同現代化是指以實現人類不同層次的共同利益為目標的、以多個國家組成的不同類型和層次的國際共同體來推進的現代化道路。它以合作共贏為核心原則，採取國際合作的方式，充分考慮人口和生態環境因素，追求人類社會

的可持續發展。

該理論的問題在於，如果只談發展，則缺乏了文化層面的互聯互通。況且，「一帶一路」沿線國家中有不少是發達國家，已經實現了現代化，進入了後現代化階段，「一帶一路」建設也需要注重這些發達國家、地區的具體訴求。

無處不在經濟學

為了彌補上述理論的不足，真正體現「一帶一路」倡議的內涵，美國德州大學達拉斯分校前副校長馮達旋教授和筆者共同提出了一個關於「一帶一路」倡議的原創理論：無處不在經濟學（Omnipresence Economy）理論。

無處不在經濟學理論指的是，中國通過「一帶一路」倡議，發揮互學互鑒、互利共贏、和平合作和開放包容的規範性力量（Normative Power），借助中國的文化價值準則和中國發展模式，與西方國家一起努力構建不同文明相互理解、互相促進的格局，並共同推進文化融合創新，進行「第三方市場合作」，共同向全球推出新的文化產品和移動互聯網、智能製造等產業，以此引導世界發展潮流，推動全球科技進步和經濟發展。同時，要在「一帶一路」倡議框架下，主動、深入瞭解新興國家、發展中國家的歷史、文化、生活和希望發展的訴求，以基礎設施建設、國際產能合作為「雙核心」，在文化、金融、環保等領域增強合作，為新興國家、發展中國家的經濟發展、社會進步提供中國的智慧、中國的方案。中國通過與全球各國的互聯互通，以無處不在的經濟合作形式，打造人類命運共同體。無處不在經濟學的根本原則，則是我們在文章開頭所提到的，即它必須是包容的、和

平的。

無處不在經濟學理論的意義在於，2008年全球金融危機爆發之後，全球經濟欲振乏力，西方國家自顧不暇，難尋拯救世界經濟之良策，由西方主導的經濟發展模式亟須變革。面對全球經濟發展的窘境，作為全球第二大經濟體的中國希望更加主動地去瞭解全球的發展趨勢，更加深入地與世界各國進行經濟合作及文化交流，更加注重穩定和完善國際金融體系，以此瞭解各國人民所需，瞭解世界經濟發展所求，從而為全人類的福祉，做出中國力所能及的貢獻。

無處不在經濟學理論的具體形式，則主要體現在與美國的合作、與歐洲國家的合作、與新興國家和發展中國家的合作、中國自身的發展需求、推動移動支付系統和智慧城市發展、穩定和完善國際金融體系六個方面。

其一，與美國的合作。在20世紀的互聯網時代，美國向全球提供了「三片」的公共產品和服務，獲得了包括中國在內的全球各國民眾的喜愛。所謂「三片」，一是薯片，無論是麥當勞還是肯德基，其背後都是美國的快餐文化。二是好萊塢影片，其背後宣揚的是美國的文化價值觀。三是計算機、手機芯片，其背後代表的是美國的創新文化。美國的這「三片」，曾經引導了世界潮流，推動了全球科技的進步，其中衍生出的各種與「三片」相關的產業，既推動了美國自身經濟的發展，又推動了世界各國的經濟發展、社會進步。

然而，全球已經出現了以移動互聯網、智能製造等產業為主導的「無所不在經濟」（Omnipresence Economy），美國不再獨占

鰲頭。中國已成為其中的領頭羊，尤其是在移動互聯網及網路支付領域，如中國2015年手機移動互聯網的零售額已高達3,340億美元，是美國市場的3倍多。不僅中國手機移動互聯網市場規模每年保持著雙位數的增長速度，而且在「一帶一路」沿線國家，如在擁有約6億人口的東南亞國家，有超過2.5億人使用智能手機，普及率高達41.7%，手機移動互聯網市場發展更為迅速，每年的手機移動互聯網零售額高達數百億美元。中美如能加強在該領域的合作，尋找新的發展機遇作為經濟發展的新引擎，就更能夠把握住「無所不在經濟」所帶來的機會。

在文化分工合作創造新經濟效益方面，有一個著名的例子可以說明中美合作的必要性。眾所周知，中國有功夫、有熊貓，但美國好萊塢卻有《功夫熊貓》。這說明了銀幕無國界（Screens Without Frontiers）。面對中國13多億的人口，面對中國每年1,650億元的影視市場，2020年之後每年高達5,000億元的市場，美國若能和中國在文化領域進一步合作，打造更多類似《功夫熊貓》的作品，無疑可輕易讓中國民眾產生文化「通感」，輕易地抓住中國蓬勃發展的影視市場，進而通過中國的「一帶一路」倡議，將影視作品輸往沿線國家，獲得更高的經濟效益。

這說明了中美雖然在文化領域上有所不同，但也可結合、共生及創新。在這基礎上產生的新文化，需要有分工合作，需要打造新的文化產品，以此帶來文化「通感」、文化合作並產生經濟效益。

中美兩國的文化分工合作，很有可能成為一個成功的案例，受到「一帶一路」沿線國家的模仿和借鑑。這將更有利於促進中

國與「一帶一路」沿線國家對彼此文化的互相瞭解，使中國與沿線國家在此基礎上打造出更多文化產品，推動各自的經濟發展。

相信中國與美國開展合作後，一定能給「一帶一路」沿線國家帶來新的公共產品和公共服務，以此推動沿線國家的經濟發展、社會發展。毫無疑問，這樣的發展對全人類是有正面的影響的，同時也能獲得世界各國的認可。

其二，與歐洲國家的合作。「一帶一路」倡議不能是也不會是中國的獨角戲，而是中國與世界各國的大合唱。尤其是在全球經濟仍疲弱且面臨下行壓力的情況下，中國提出「第三方市場合作」，與歐洲多國優勢互補，進行聯合投標、聯合生產以及聯合投資等新型合作，在尊重第三方國家（通常是發展中國家）意願的前提下，推動第三方國家發展，實現三方互利共贏。

在「一帶一路」倡議框架下，中歐的「第三方市場合作」，實質是對沖（Hedge）而非對抗（Confrontation）。與中國相比，由於歷史原因，歐洲國家與不少「一帶一路」沿線國家有著深厚的歷史淵源，對當地瞭解甚深，並且有豐富的營運、管理經驗。加上共同開發「第三方市場合作」有利於分攤投資風險，減少中國與歐洲國家在「一帶一路」沿線國家獨立投資時可能出現的衝突，增加合作的空間，培育新的經濟增長點。

而且，「第三方市場」也有需求。「第三方市場」要發展經濟、轉型升級，也亟須來自中國的價格相對較為低廉的產品、中高端製造能力，以及來自歐洲的高端技術、先進理念。如果能夠吸引中國和歐洲國家合力投資，對「第三方市場」而言是更佳的選擇。在這樣的願景之下，中國已和法國、英國、西班牙、德國

等歐洲國家，以及韓國、澳大利亞等亞太國家就共同開拓第三方市場達成重要共識，未來將會有越來越多的歐洲國家、發達國家參與「第三方市場合作」。

因此，中國與歐洲國家的「第三方市場合作」，不僅是中國與歐洲國家雙邊合作模式的新突破，也是國際合作模式新的探索，有利於助力「一帶一路」建設和國際產能合作。

其三，與新興國家和發展中國家的合作。大多數新興國家經濟結構單一，產業結構比較落後，對外資需求依賴很高，而且國內政治紛爭不斷。這些不但衝擊了經濟的正常運行，而且已逐漸隱現危機的苗頭。在歐美國家的資金「班資回朝」的自救行為下，「一帶一路」倡議將為新興國家帶來更多的投資資金，更多的商貿合作項目，並與新興國家共同分享相關商機。這不但有助於推動新興國家的經濟發展，而且能夠提升新興經濟體在國際經濟體系的影響力和話語權。

而且，新興國家雖然有各自要面對的困難，但是作為全球具有較大影響力的國家，未來若能在「一帶一路」倡議框架下繼續加強在經貿、金融等領域的合作，提升國民的人文素質，增強國際責任感，進一步進行民主建設，未來很有可能成為引領世界經濟的一股主導力量。

對於工業化程度相對不高，製造業產值占國內生產總值比重仍然較低的發展中國家而言，「一帶一路」倡議提出的在政策、資金、貿易、設施和民心等五個領域加強互聯互通，能夠為發展中國家提供更多的技術、資金，從而提升其製作技術和工業化水平。同時，發展中國家在「一帶一路」倡議下開展自貿區、產業

園區合作，深挖國際產能合作和基礎設施建設合作領域，也有利於推動發展中國家的經濟、文化、社會整體的發展。

其四，中國自身的發展需求。對於中國而言，隨著經濟發展水平的提高，發展中國家的對外直接投資將逐步增加，資本輸出將最終超過資本輸入。這正是中國近年來的情況。隨著經濟規模的不斷擴大，中國正在逐漸從一個資本淨輸入大國向資本輸出大國轉變。中國提出的「一帶一路」倡議，則是適應了這個發展趨勢，也為推動企業更好、更深地「走出去」提供了重大契機。也就是說，國家發展到了一定程度，資金、人才、技術會有輸出的需求，而歷史選擇了「一帶一路」作為這個輸出口。

與此同時，中國的產業發展到一定程度之後，雖然已逐漸形成一個增長極或經濟中心，但是生產要素的邊際回報（Marginal Return）會出現遞減的現象，從而導致整體成本上升。中國的產業希望進一步擴大生產規模，卻出現了「規模不經濟」問題。在這種情況下，中國的產業及生產要素向周邊相對落後的國家、區域流動，便有可能產生擴散、輻射效應。一方面，這可以拉動周邊落後國家、區域的經濟發展；另一方面，這些周邊國家、區域的經濟增長，又能反過來進一步促進中國的經濟發展。

這是以中國的規範性力量，通過先富起來的國家協力帶動後富起來的國家發展，後富起來的國家又反過來促進先富國家發展，如此循環下去，最終達到共同富裕。此外，還要促進中國對外援助在「一帶一路」倡議框架下健康發展，推動中長期援助「一帶一路」相關國家的行動計劃，以此和沿線國家共建「共同發展夥伴關係」，體現「一帶一路」倡議打造人類命運共同體的

內涵。

其五，推動移動支付系統和智慧城市發展。得益於移動互聯網的快速發展，中國的移動支付系統已處於世界領先地位，移動支付所引發的巨大洪流，已根本性地改變了世界的營商模式和消費模式。中國將向「一帶一路」沿線國家輸出先進的移動支付技術，推動沿線國家全面轉用移動支付方式。此舉不但可以降低交易成本，為消費者的支付行為帶來前所未有的便利，而且可以提供更多有用的營商、消費大數據，為各國企業帶來無處不在的經濟機遇。同時，移動支付技術還有助於解決逃稅、社會不公和貪污等問題，也可以遏制恐怖主義、人口販賣者和獨裁者活動的肆虐。

近年來，將移動經濟作為新的增長點，加快信息化進程並促進傳統產業升級，正成為越來越多「一帶一路」沿線城市的選擇。隨著移動互聯網、信息技術的快速發展，截至2016年年底，中國已有277個智慧城市和3個新型智慧城市試點，數量、規模都是世界第一。中國已從最開始的智慧城市的學習者轉變成了全球引領者。中國企業可通過自身的資源、經驗、技術和開發模式等，與「一帶一路」沿線國家的城市共建智慧城市。這不但有助於提升沿線國家城市的綜合承載能力，也會為沿線國家的城市提供高標準的基礎設施以及商務、教育、醫療等一體化生活服務配套，從而促使沿線國家的城市邁向更加現代化的發展階段，進而推動沿線國家的現代化進程。這不僅能夠促進沿線國家的民眾就業、經濟發展，而且能夠讓沿線國家的民眾感受到實實在在，甚至是沉甸甸的好處。

其六，穩定和完善國際金融體系。在穩定和完善國際金融體系方面，首先，由中國倡導成立的亞洲基礎設施投資銀行（亞投行），已成為一個跨越亞、歐、非、拉美洲的國際性多邊金融機構。其功能主要是解決各國資金缺口問題，具體體現在對國際金融體系注入更多資金、彌補基礎設施領域投資缺口上。由此可見，亞投行是對現行國際金融體系的改良而非顛覆。

其次，隨著互聯網的迅速發展，其衍生出了互聯網金融、移動支付、金融科技等，帶來了新的金融產品，綠色金融的發展也成了大勢所趨。面對金融領域的新情況、新的交易模式和市場遊戲規則，目前全球金融治理未能與時俱進，仍糾纏於傳統的金融市場和產品。未來，金融體系的國際協作必不可少。當前，中國在互聯網金融、移動支付、金融科技及綠色金融領域已走在世界前列。中國未來將與各國一起合作、協調，在金融監管制度、監管框架、法律框架等方面加強對金融科技、綠色金融等的監管、引導，使其滿足促進全球金融發展、完善全球金融治理的新需要。

最後，中國在「一帶一路」倡議框架下，成立了亞洲金融合作協會。隨著亞洲經濟的持續發展，亞洲區域性銀行逐漸崛起，區域間的金融活動也會越來越多。亞洲各國除了在貿易金融、跨境銀團貸款、保險理財業務、反金融詐騙犯罪和高端金融業務教育培訓等領域加強合作之外，未來還可以在亞洲金融合作協會這個平臺上，結合新興科技、創新產業和互聯網金融的快速發展，以及金融領域的數字化、網路化和移動化趨勢，探討有關區域金融的重新整合問題。

在全新的亞洲金融平臺上，中國將與亞洲各國共同推進跨文化客戶的金融管理，構建亞洲國家的金融數據庫尤其是加強交易流（Deal Flow）的共享等，以在國際金融治理中提升亞洲金融在國際金融體系中的話語權、影響力，促使亞洲金融成為平衡國際金融體系的重要一環。

中國國家主席習近平於 2017 年 5 月 14 日在「一帶一路」國際合作高峰論壇上的講話，不但表達了中國作為全球第二大經濟體，希望更加主動地去瞭解全球的發展趨勢，更加深入地與世界各國進行經濟融合及文化交流的願望，也顯示了中國已經為世界各國經濟的復甦、發展以及全球金融體系的完善描繪出了偉大的藍圖，推出了更加公平、公正、合理的全球經濟、金融治理新方案。

筆者相信，只要世界各國在互學互鑒、互利共贏和互相尊重的基礎上，更多地參與「一帶一路」建設，通過中國的發展模式、中國的智慧，再加上沿線各國的智慧和努力，以及無處不在的經濟合作模式，定能為世界各國的共同發展、共同富裕提供無處不在的經濟機遇和強大的助推力。

附錄

推動共建絲綢之路經濟帶和 21 世紀
海上絲綢之路的願景與行動

國家發展改革委 外交部 商務部

2015 年 3 月

目錄

前言
一、時代背景
二、共建原則
三、框架思路
四、合作重點
五、合作機制
六、中國各地方開放態勢

七、中國積極行動

八、共創美好未來

前言

2,000多年前，亞歐大陸上勤勞勇敢的人民，探索出多條連接亞歐非幾大文明的貿易和人文交流通路，後人將其統稱為「絲綢之路」。千百年來，「和平合作、開放包容、互學互鑒、互利共贏」的絲綢之路精神薪火相傳，推進了人類文明進步，是促進沿線各國繁榮發展的重要紐帶，是東西方交流合作的象徵，是世界各國共有的歷史文化遺產。

進入21世紀，在以和平、發展、合作、共贏為主題的新時代，面對復甦乏力的全球經濟形勢，紛繁複雜的國際和地區局面，傳承和弘揚絲綢之路精神更顯重要和珍貴。

2013年9月和10月，中國國家主席習近平在出訪中亞和東南亞國家期間，先後提出共建「絲綢之路經濟帶」和「21世紀海上絲綢之路」（以下簡稱「一帶一路」）的重大倡議，得到國際社會高度關注。中國國務院總理李克強參加2013年中國—東盟博覽會時強調，鋪就面向東盟的海上絲綢之路，打造帶動腹地發展的戰略支點。加快「一帶一路」建設，有利於促進沿線各國經濟繁榮與區域經濟合作，加強不同文明交流互鑒，促進世界和平發展，是一項造福世界各國人民的偉大事業。

「一帶一路」建設是一項系統工程，要堅持共商、共建、共享原則，積極推進沿線國家發展戰略的相互對接。為推進實施

「一帶一路」重大倡議，讓古絲綢之路煥發新的生機活力，以新的形式使亞歐非各國聯繫更加緊密，互利合作邁向新的歷史高度，中國政府特制定並發布《推動共建絲綢之路經濟帶和 21 世紀海上絲綢之路的願景與行動》。

一、時代背景

當今世界正發生複雜深刻的變化，國際金融危機深層次影響繼續顯現，世界經濟緩慢復甦、發展分化，國際投資貿易格局和多邊投資貿易規則醞釀深刻調整，各國面臨的發展問題依然嚴峻。共建「一帶一路」順應世界多極化、經濟全球化、文化多樣化、社會信息化的潮流，秉持開放的區域合作精神，致力於維護全球自由貿易體系和開放型世界經濟。共建「一帶一路」旨在促進經濟要素有序自由流動、資源高效配置和市場深度融合，推動沿線各國實現經濟政策協調，開展更大範圍、更高水平、更深層次的區域合作，共同打造開放、包容、均衡、普惠的區域經濟合作架構。共建「一帶一路」符合國際社會的根本利益，彰顯人類社會共同理想和美好追求，是國際合作以及全球治理新模式的積極探索，將為世界和平發展增添新的正能量。

共建「一帶一路」致力於亞歐非大陸及附近海洋的互聯互通，建立和加強沿線各國互聯互通夥伴關係，構建全方位、多層次、複合型的互聯互通網路，實現沿線各國多元、自主、平衡、可持續的發展。「一帶一路」的互聯互通項目將推動沿線各國發展戰略的對接與耦合，發掘區域內市場的潛力，促進投資和消費，創造需求和就業，增進沿線各國人民的人文交流與文明互

鑒，讓各國人民相逢相知、互信互敬，共享和諧、安寧、富裕的生活。

當前，中國經濟和世界經濟高度關聯。中國將一以貫之地堅持對外開放的基本國策，構建全方位開放新格局，深度融入世界經濟體系。推進「一帶一路」建設既是中國擴大和深化對外開放的需要，也是加強和亞歐非及世界各國互利合作的需要，中國願意在力所能及的範圍內承擔更多責任義務，為人類和平發展做出更大的貢獻。

二、共建原則

恪守聯合國憲章的宗旨和原則。遵守和平共處五項原則，即尊重各國主權和領土完整、互不侵犯、互不干涉內政、和平共處、平等互利。

堅持開放合作。「一帶一路」相關的國家基於但不限於古代絲綢之路的範圍，各國和國際、地區組織均可參與，讓共建成果惠及更廣泛的區域。

堅持和諧包容。倡導文明寬容，尊重各國發展道路和模式的選擇，加強不同文明之間的對話，求同存異、兼容並蓄、和平共處、共生共榮。

堅持市場運作。遵循市場規律和國際通行規則，充分發揮市場在資源配置中的決定性作用和各類企業的主體作用，同時發揮好政府的作用。

堅持互利共贏。兼顧各方利益和關切，尋求利益契合點和合作最大公約數，體現各方智慧和創意，各施所長、各盡所能，把

各方優勢和潛力充分發揮出來。

三、框架思路

「一帶一路」是促進共同發展、實現共同繁榮的合作共贏之路，是增進理解信任、加強全方位交流的和平友誼之路。中國政府倡議，秉持和平合作、開放包容、互學互鑒、互利共贏的理念，全方位推進務實合作，打造政治互信、經濟融合、文化包容的利益共同體、命運共同體和責任共同體。

「一帶一路」貫穿亞歐非大陸，一頭是活躍的東亞經濟圈，一頭是發達的歐洲經濟圈，中間廣大腹地國家經濟發展潛力巨大。絲綢之路經濟帶重點暢通中國經中亞、俄羅斯至歐洲（波羅的海）；中國經中亞、西亞至波斯灣、地中海；中國至東南亞、南亞、印度洋。21世紀海上絲綢之路重點方向是從中國沿海港口過南海到印度洋，延伸至歐洲；從中國沿海港口過南海到南太平洋。

根據「一帶一路」走向，陸上依託國際大通道，以沿線中心城市為支撐，以重點經貿產業園區為合作平臺，共同打造新亞歐大陸橋、中蒙俄、中國—中亞—西亞、中國—中南半島等國際經濟合作走廊；海上以重點港口為節點，共同建設通暢、安全、高效的運輸大通道。中巴、孟中印緬兩個經濟走廊與推進「一帶一路」建設關聯緊密，要進一步推動合作，取得更大進展。

「一帶一路」建設是沿線各國開放合作的宏大經濟願景，需各國攜手努力，朝著互利互惠、共同安全的目標相向而行。努力實現區域基礎設施更加完善，安全高效的陸海空通道網路基本形

成,互聯互通達到新水平;投資貿易便利化水平進一步提升,高標準自由貿易區網路基本形成,經濟聯繫更加緊密,政治互信更加深入;人文交流更加廣泛深入,不同文明互鑒共榮,各國人民相知相交、和平友好。

四、合作重點

沿線各國資源稟賦各異,經濟互補性較強,彼此合作潛力和空間很大。以政策溝通、設施聯通、貿易暢通、資金融通、民心相通為主要內容,重點在以下方面加強合作。

政策溝通。加強政策溝通是「一帶一路」建設的重要保障。加強政府間合作,積極構建多層次政府間宏觀政策溝通交流機制,深化利益融合,促進政治互信,達成合作新共識。沿線各國可以就經濟發展戰略和對策進行充分交流對接,共同制定推進區域合作的規劃和措施,協商解決合作中的問題,共同為務實合作及大型項目實施提供政策支持。

設施聯通。基礎設施互聯互通是「一帶一路」建設的優先領域。在尊重相關國家主權和安全關切的基礎上,沿線國家宜加強基礎設施建設規劃、技術標準體系的對接,共同推進國際骨幹通道建設,逐步形成連接亞洲各次區域以及亞歐非之間的基礎設施網路。強化基礎設施綠色低碳化建設和營運管理,在建設中充分考慮氣候變化影響。

抓住交通基礎設施的關鍵通道、關鍵節點和重點工程,優先打通缺失路段,暢通瓶頸路段,配套完善道路安全防護設施和交通管理設施設備,提升道路通達水平。推進建立統一的全程運輸

協調機制，促進國際通關、換裝、多式聯運有機銜接，逐步形成兼容規範的運輸規則，實現國際運輸便利化。推動口岸基礎設施建設，暢通陸水聯運通道，推進港口合作建設，增加海上航線和班次，加強海上物流信息化合作。拓展建立民航全面合作的平臺和機制，加快提升航空基礎設施水平。

加強能源基礎設施互聯互通合作，共同維護輸油、輸氣管道等運輸通道安全，推進跨境電力與輸電通道建設，積極開展區域電網升級改造合作。

共同推進跨境光纜等通信干線網路建設，提高國際通信互聯互通水平，暢通信息絲綢之路。加快推進雙邊跨境光纜等建設，規劃建設洲際海底光纜項目，完善空中（衛星）信息通道，擴大信息交流與合作。

貿易暢通。投資貿易合作是「一帶一路」建設的重點內容。宜著力研究解決投資貿易便利化問題，消除投資和貿易壁壘，構建區域內和各國良好的營商環境，積極同沿線國家和地區共同商建自由貿易區，激發釋放合作潛力，做大做好合作「蛋糕」。

沿線國家宜加強信息互換、監管互認、執法互助的海關合作，以及檢驗檢疫、認證認可、標準計量、統計信息等方面的雙多邊合作，推動世界貿易組織《貿易便利化協定》生效和實施。改善邊境口岸通關設施條件，加快邊境口岸「單一窗口」建設，降低通關成本，提升通關能力。加強供應鏈安全與便利化合作，推進跨境監管程序協調，推動檢驗檢疫證書國際互聯網核查，開展「經認證的經營者」（AEO）互認。降低非關稅壁壘，共同提高技術性貿易措施透明度，提高貿易自由化便利化水平。

拓寬貿易領域，優化貿易結構，挖掘貿易新增長點，促進貿易平衡。創新貿易方式，發展跨境電子商務等新的商業業態。建立健全服務貿易促進體系，鞏固和擴大傳統貿易，大力發展現代服務貿易。把投資和貿易有機結合起來，以投資帶動貿易發展。

加快投資便利化進程，消除投資壁壘。加強雙邊投資保護協定、避免雙重徵稅協定磋商，保護投資者的合法權益。

拓展相互投資領域，開展農林牧漁業、農機及農產品生產加工等領域深度合作，積極推進海水養殖、遠洋漁業、水產品加工、海水淡化、海洋生物製藥、海洋工程技術、環保產業和海上旅遊等領域合作。加大煤炭、油氣、金屬礦產等傳統能源資源勘探開發合作，積極推動水電、核電、風電、太陽能等清潔、可再生能源合作，推進能源資源就地就近加工轉化合作，形成能源資源合作上下游一體化產業鏈。加強能源資源深加工技術、裝備與工程服務合作。

推動新興產業合作，按照優勢互補、互利共贏的原則，促進沿線國家加強在新一代信息技術、生物、新能源、新材料等新興產業領域的深入合作，推動建立創業投資合作機制。

優化產業鏈分工佈局，推動上下游產業鏈和關聯產業協同發展，鼓勵建立研發、生產和行銷體系，提升區域產業配套能力和綜合競爭力。擴大服務業相互開放，推動區域服務業加快發展。探索投資合作新模式，鼓勵合作建設境外經貿合作區、跨境經濟合作區等各類產業園區，促進產業集群發展。在投資貿易中突出生態文明理念，加強生態環境、生物多樣性和應對氣候變化合作，共建綠色絲綢之路。

中國歡迎各國企業來華投資。鼓勵本國企業參與沿線國家基礎設施建設和產業投資。促進企業按屬地化原則經營管理，積極幫助當地發展經濟、增加就業、改善民生，主動承擔社會責任，嚴格保護生物多樣性和生態環境。

資金融通。資金融通是「一帶一路」建設的重要支撐。深化金融合作，推進亞洲貨幣穩定體系、投融資體系和信用體系建設。擴大沿線國家雙邊本幣互換、結算的範圍和規模。推動亞洲債券市場的開放和發展。共同推進亞洲基礎設施投資銀行、金磚國家開發銀行籌建，有關各方就建立上海合作組織融資機構開展磋商。加快絲路基金組建營運。深化中國—東盟銀行聯合體、上合組織銀行聯合體務實合作，以銀團貸款、銀行授信等方式開展多邊金融合作。支持沿線國家政府和信用等級較高的企業以及金融機構在中國境內發行人民幣債券。符合條件的中國境內金融機構和企業可以在境外發行人民幣債券和外幣債券，鼓勵在沿線國家使用所籌資金。

加強金融監管合作，推動簽署雙邊監管合作諒解備忘錄，逐步在區域內建立高效監管協調機制。完善風險應對和危機處置制度安排，構建區域性金融風險預警系統，形成應對跨境風險和危機處置的交流合作機制。加強徵信管理部門、徵信機構和評級機構之間的跨境交流與合作。充分發揮絲路基金以及各國主權基金作用，引導商業性股權投資基金和社會資金共同參與「一帶一路」重點項目建設。

民心相通。民心相通是「一帶一路」建設的社會根基。傳承和弘揚絲綢之路友好合作精神，廣泛開展文化交流、學術往來、

人才交流合作、媒體合作、青年和婦女交往、志願者服務等，為深化雙多邊合作奠定堅實的民意基礎。

擴大相互間留學生規模，開展合作辦學，中國每年向沿線國家提供1萬個政府獎學金名額。沿線國家間互辦文化年、藝術節、電影節、電視周和圖書展等活動，合作開展廣播影視劇精品創作及翻譯，聯合申請世界文化遺產，共同開展世界遺產的聯合保護工作。深化沿線國家間人才交流合作。

加強旅遊合作，擴大旅遊規模，互辦旅遊推廣周、宣傳月等活動，聯合打造具有絲綢之路特色的國際精品旅遊線路和旅遊產品，提高沿線各國遊客簽證便利化水平。推動21世紀海上絲綢之路郵輪旅遊合作。積極開展體育交流活動，支持沿線國家申辦重大國際體育賽事。

強化與周邊國家在傳染病疫情信息溝通、防治技術交流、專業人才培養等方面的合作，提高合作處理突發公共衛生事件的能力。為有關國家提供醫療援助和應急醫療救助，在婦幼健康、殘疾人康復以及愛滋病、結核、瘧疾等主要傳染病領域開展務實合作，擴大在傳統醫藥領域的合作。

加強科技合作，共建聯合實驗室（研究中心）、國際技術轉移中心、海上合作中心，促進科技人員交流，合作開展重大科技攻關，共同提升科技創新能力。

整合現有資源，積極開拓和推進與沿線國家在青年就業、創業培訓、職業技能開發、社會保障管理服務、公共行政管理等共同關心領域的務實合作。

充分發揮政黨、議會交往的橋樑作用，加強沿線國家之間立

法機構、主要黨派和政治組織的友好往來。開展城市交流合作，歡迎沿線國家重要城市之間互結友好城市，以人文交流為重點，突出務實合作，形成更多鮮活的合作範例。歡迎沿線國家智庫之間開展聯合研究、合作舉辦論壇等。

加強沿線國家民間組織的交流合作，重點面向基層民眾，廣泛開展教育醫療、減貧開發、生物多樣性和生態環保等各類公益慈善活動，促進沿線貧困地區生產生活條件改善。加強文化傳媒的國際交流合作，積極利用網路平臺，運用新媒體工具，塑造和諧友好的文化生態和輿論環境。

五、合作機制

當前，世界經濟融合加速發展，區域合作方興未艾。積極利用現有雙多邊合作機制，推動「一帶一路」建設，促進區域合作蓬勃發展。

加強雙邊合作，開展多層次、多渠道溝通磋商，推動雙邊關係全面發展。推動簽署合作備忘錄或合作規劃，建設一批雙邊合作示範。建立完善雙邊聯合工作機制，研究推進「一帶一路」建設的實施方案、行動路線圖。充分發揮現有聯委會、混委會、協委會、指導委員會、管理委員會等雙邊機制作用，協調推動合作項目實施。

強化多邊合作機制作用，發揮上海合作組織（SCO）、中國—東盟（「10+1」）、亞太經合組織（APEC）、亞歐會議（ASEM）、亞洲合作對話（ACD）、亞信會議（CICA）、中阿合作論壇、中國—海合會戰略對話、大湄公河次區域（GMS）經濟合作、中亞

區域經濟合作（CAREC）等現有多邊合作機制作用，相關國家加強溝通，讓更多國家和地區參與「一帶一路」建設。

繼續發揮沿線各國區域、次區域相關國際論壇、展會以及博鰲亞洲論壇、中國—東盟博覽會、中國—亞歐博覽會、歐亞經濟論壇、中國國際投資貿易洽談會，以及中國—南亞博覽會、中國—阿拉伯博覽會、中國西部國際博覽會、中國—俄羅斯博覽會、前海合作論壇等平臺的建設性作用。支持沿線國家地方、民間挖掘「一帶一路」歷史文化遺產，聯合舉辦專項投資、貿易、文化交流活動，辦好絲綢之路（敦煌）國際文化博覽會、絲綢之路國際電影節和圖書展。倡議建立「一帶一路」國際高峰論壇。

六、中國各地方開放態勢

推進「一帶一路」建設，中國將充分發揮國內各地區比較優勢，實行更加積極主動的開放戰略，加強東中西互動合作，全面提升開放型經濟水平。

西北、東北地區。發揮新疆獨特的區位優勢和向西開放重要窗口作用，深化與中亞、南亞、西亞等國家交流合作，形成絲綢之路經濟帶上重要的交通樞紐、商貿物流和文化科教中心，打造絲綢之路經濟帶核心區。發揮陝西、甘肅綜合經濟文化和寧夏、青海民族人文優勢，打造西安內陸型改革開放新高地，加快蘭州、西寧開發開放，推進寧夏內陸開放型經濟試驗區建設，形成面向中亞、南亞、西亞國家的通道、商貿物流樞紐、重要產業和人文交流基地。發揮內蒙古聯通俄蒙的區位優勢，完善黑龍江對俄鐵路通道和區域鐵路網，以及黑龍江、吉林、遼寧與俄遠東地

區陸海聯運合作，推進構建北京—莫斯科歐亞高速運輸走廊，建設向北開放的重要窗口。

西南地區。發揮廣西與東盟國家陸海相鄰的獨特優勢，加快北部灣經濟區和珠江—西江經濟帶開放發展，構建面向東盟區域的國際通道，打造西南、中南地區開放發展新的戰略支點，形成21世紀海上絲綢之路與絲綢之路經濟帶有機銜接的重要門戶。發揮雲南區位優勢，推進與周邊國家的國際運輸通道建設，打造大湄公河次區域經濟合作新高地，建設成為面向南亞、東南亞的輻射中心。推進西藏與尼泊爾等國家邊境貿易和旅遊文化合作。

沿海和港澳臺地區。利用長三角、珠三角、海峽西岸、環渤海等經濟區開放程度高、經濟實力強、輻射帶動作用大的優勢，加快推進中國（上海）自由貿易試驗區建設，支持福建建設21世紀海上絲綢之路核心區。充分發揮深圳前海、廣州南沙、珠海橫琴、福建平潭等開放合作區作用，深化與港澳臺合作，打造粵港澳大灣區。推進浙江海洋經濟發展示範區、福建海峽藍色經濟試驗區和舟山群島新區建設，加大海南國際旅遊島開發開放力度。加強上海、天津、寧波—舟山、廣州、深圳、湛江、汕頭、青島、菸臺、大連、福州、廈門、泉州、海口、三亞等沿海城市港口建設，強化上海、廣州等國際樞紐機場功能。以擴大開放倒逼深層次改革，創新開放型經濟體制機制，加大科技創新力度，形成參與和引領國際合作競爭新優勢，成為「一帶一路」特別是21世紀海上絲綢之路建設的排頭兵和主力軍。發揮海外僑胞以及香港、澳門特別行政區獨特優勢作用，積極參與和助力「一帶一路」建設。為臺灣地區參與「一帶一路」建設做出妥善安排。

內陸地區。利用內陸縱深廣闊、人力資源豐富、產業基礎較好優勢，依託長江中游城市群、成渝城市群、中原城市群、呼包鄂榆城市群、哈長城市群等重點區域，推動區域互動合作和產業集聚發展，打造重慶西部開發開放重要支撐和成都、鄭州、武漢、長沙、南昌、合肥等內陸開放型經濟高地。加快推動長江中上游地區和俄羅斯伏爾加河沿岸聯邦區的合作。建立中歐通道鐵路運輸、口岸通關協調機制，打造「中歐班列」品牌，建設溝通境內外、連接東中西的運輸通道。支持鄭州、西安等內陸城市建設航空港、國際陸港，加強內陸口岸與沿海、沿邊口岸通關合作，開展跨境貿易電子商務服務試點。優化海關特殊監管區域佈局，創新加工貿易模式，深化與沿線國家的產業合作。

七、中國積極行動

一年多來，中國政府積極推動「一帶一路」建設，加強與沿線國家的溝通磋商，推動與沿線國家的務實合作，實施了一系列政策措施，努力收穫早期成果。

高層引領推動。習近平主席、李克強總理等國家領導人先後出訪20多個國家，出席加強互聯互通夥伴關係對話會、中阿合作論壇第六屆部長級會議，就雙邊關係和地區發展問題，多次與有關國家元首和政府首腦進行會晤，深入闡釋「一帶一路」的深刻內涵和積極意義，就共建「一帶一路」達成廣泛共識。

簽署合作框架。與部分國家簽署了共建「一帶一路」合作備忘錄，與一些毗鄰國家簽署了地區合作和邊境合作的備忘錄以及經貿合作中長期發展規劃。研究編制與一些毗鄰國家的地區合作

規劃綱要。

推動項目建設。加強與沿線有關國家的溝通磋商，在基礎設施互聯互通、產業投資、資源開發、經貿合作、金融合作、人文交流、生態保護、海上合作等領域，推進了一批條件成熟的重點合作項目。

完善政策措施。中國政府統籌國內各種資源，強化政策支持。推動亞洲基礎設施投資銀行籌建，發起設立絲路基金，強化中國—歐亞經濟合作基金投資功能。推動銀行卡清算機構開展跨境清算業務和支付機構開展跨境支付業務。積極推進投資貿易便利化，推進區域通關一體化改革。

發揮平臺作用。各地成功舉辦了一系列以「一帶一路」為主題的國際峰會、論壇、研討會、博覽會，對增進理解、凝聚共識、深化合作發揮了重要作用。

八、共創美好未來

共建「一帶一路」是中國的倡議，也是中國與沿線國家的共同願望。站在新的起點上，中國願與沿線國家一道，以共建「一帶一路」為契機，平等協商，兼顧各方利益，反應各方訴求，攜手推動更大範圍、更高水平、更深層次的大開放、大交流、大融合。「一帶一路」建設是開放的、包容的，歡迎世界各國和國際、地區組織積極參與。

共建「一帶一路」的途徑是以目標協調、政策溝通為主，不刻意追求一致性，可高度靈活，富有彈性，是多元開放的合作進程。中國願與沿線國家一道，不斷充實完善「一帶一路」的合作

內容和方式，共同制定時間表、路線圖，積極對接沿線國家發展和區域合作規劃。

中國願與沿線國家一道，在既有雙多邊和區域次區域合作機制框架下，通過合作研究、論壇展會、人員培訓、交流訪問等多種形式，促進沿線國家對共建「一帶一路」內涵、目標、任務等方面的進一步理解和認同。

中國願與沿線國家一道，穩步推進示範項目建設，共同確定一批能夠照顧雙多邊利益的項目，對各方認可、條件成熟的項目抓緊啟動實施，爭取早日開花結果。

「一帶一路」是一條互尊互信之路，一條合作共贏之路，一條文明互鑒之路。只要沿線各國和衷共濟、相向而行，就一定能夠譜寫建設絲綢之路經濟帶和21世紀海上絲綢之路的新篇章，讓沿線各國人民共享「一帶一路」共建成果。

「一帶一路」融資指導原則

中國、阿根廷、白俄羅斯等 27 國財政部

2017 年 5 月

「一帶一路」建設旨在加強沿線國家的政策溝通、設施聯通、貿易暢通、資金融通、民心相通，促進經濟要素有序自由流動、資源高效配置和市場深度融合，共同打造開放、包容、均衡、普惠的區域經濟合作架構。資金融通是「一帶一路」建設的重要支撐。為此，我們，阿根廷、白俄羅斯、柬埔寨、智利、中國、捷克、埃塞俄比亞、斐濟、格魯吉亞、希臘、匈牙利、印度尼西亞、伊朗、肯尼亞、老撾、馬來西亞、蒙古國、緬甸、巴基斯坦、卡塔爾、俄羅斯、塞爾維亞、蘇丹、瑞士、泰國、土耳其、英國財長呼籲沿線國家政府、金融機構、企業共同行動，本著「平等參與、利益共享、風險共擔」的原則，推動建設長期、穩定、可持續、風險可控的融資體系。

（1）我們認識到，良好的融資體系和融資環境離不開沿線國家政府強有力的支持。沿線國家政府應加強政策溝通，鞏固合作意向，共同釋放支持「一帶一路」建設和融資的積極信號。

（2）我們鼓勵沿線國家建立共同平臺，在促進本地區國別發展戰略及投資計劃對接的基礎上，共同制定區域基礎設施發展戰略或規劃，確定重大項目識別和優先選擇的原則，協調各國支持政策與融資安排，交流實施經驗。

（3）我們支持金融資源服務於沿線國家和地區的實體經濟發

展。重點加大對基礎設施互聯互通、貿易投資、產能合作、能源能效、資源以及中小企業等領域的融資支持力度。

（4）我們重申基礎設施對經濟社會可持續發展的重要作用。我們鼓勵沿線國家視情開放公共服務市場，維護良好、穩定的法律、政策和監管框架，積極發展政府和社會資本合作以吸引各類資金，提高基礎設施的供給效率和質量。我們鼓勵有意願的相關方在私營部門和金融機構之間建立有效的信息交流，通過基礎設施融資支持可持續發展。

（5）我們重視公共資金在規劃、建設重大項目上的引領作用。我們將繼續利用政府間合作基金、對外援助資金等現有公共資金渠道，協調配合其他資金渠道，共同支持「一帶一路」建設，包括加強沿線國家和地區在民生發展、人文交流等領域的交流合作。

（6）我們鼓勵各國政策性金融機構、出口信用機構繼續為「一帶一路」建設提供政策性金融支持。我們鼓勵上述機構加強協調合作，通過貸款、擔保、股權投資、聯合融資等多種方式，發揮融資促進和風險分擔作用。

（7）我們呼籲開發性金融機構考慮為「一帶一路」沿線國家提供更多融資支持和技術援助。我們鼓勵多邊開發銀行和各國開發性金融機構在其職責範圍內通過貸款、股權投資、擔保和聯合融資及其他融資渠道等各種方式，積極參與「一帶一路」建設，特別是跨境基礎設施建設。我們支持多邊開發銀行與各國開發性金融機構加強協調合作，為沿線國家提供可持續性的融資、機構專有技術和融智服務。

（8）我們認識到市場機制在金融資源配置中應發揮決定性作用。我們期待商業銀行、股權投資基金、保險、租賃和擔保公司等各類商業性金融機構為「一帶一路」建設提供資金及其他金融服務。我們歡迎養老基金、主權財富基金等長期機構投資者，在符合其機構職能的情況下視情積極參與，特別是參與基礎設施建設。

（9）我們支持進一步發展本地與區域金融市場。我們歡迎發展沿線國家的本幣債券市場和股權投資市場，以擴大長期融資來源，並降低貨幣錯配風險。

（10）我們支持金融市場的有序開放，並尊重有關國家可能承擔的國際義務。我們鼓勵根據國情，在符合國內法律法規的前提下，逐步擴大銀行、保險、證券等市場准入，支持金融機構跨境互設子公司和（或）分支機構，促進金融機構設立申請與審批流程的便利化。

（11）我們鼓勵基於「一帶一路」建設需求和沿線國家需求的金融創新。我們支持金融機構在風險可控前提下創新融資模式、渠道、工具與服務。

（12）我們呼籲沿線各國深化金融監管合作，加強跨境監管協調，共同為金融機構創造公平、高效、穩定的監管環境，並尊重有關國家可能承擔的國際義務。

（13）我們倡導建設透明、友好、非歧視和可預見的融資環境。我們支持視情提高對外國直接投資的開放度，加快必要的投資便利化進程，反對一切形式的貿易和投資保護主義。我們倡導建立和完善公平、公正、公開、高效的法律制度，以及互惠互

利、投資友好型的稅收制度。我們支持通過公正、合法、合理的方式妥善解決債務和投資爭端，切實保護債權人和投資人合法權益。

（14）我們強調應加強對融資項目社會環境影響的評價和風險管理，重視節能環保合作，履行社會責任，促進當地就業，推動經濟社會可持續發展。在動員資金時，應兼顧債務可持續性。

（15）我們認識到，「一帶一路」建設的融資安排應惠及所有企業和人群，支持可持續、包容性發展。應為提高科技能力、技術發展以及創造就業，特別是年輕人與婦女的就業提供融資。我們積極支持推進普惠金融的努力，鼓勵沿線國家政府、政策性金融機構、開發性金融機構及商業性金融機構加強合作，努力讓所有人享受金融信息和服務，並為中小企業提供適當、穩定、可負擔的融資服務。

「一帶一路」國際合作高峰論壇圓桌峰會聯合公報[①]

我們，中華人民共和國主席習近平、阿根廷總統馬克里、白俄羅斯總統盧卡申科、智利總統巴切萊特、捷克總統澤曼、印度尼西亞總統佐科、哈薩克斯坦總統納扎爾巴耶夫、肯尼亞總統肯雅塔、吉爾吉斯斯坦總統阿坦巴耶夫、老撾國家主席本揚、菲律賓總統杜特爾特、俄羅斯總統普京、瑞士聯邦主席洛伊特哈德、土耳其總統埃爾多安、烏茲別克斯坦總統米爾濟約耶夫、越南國家主席陳大光、柬埔寨首相洪森、埃塞俄比亞總理海爾馬里亞姆、斐濟總理姆拜尼馬拉馬、希臘總理齊普拉斯、匈牙利總理歐爾班、義大利總理真蒂洛尼、馬來西亞總理納吉布、蒙古國總理額爾登巴特、緬甸國務資政昂山素季、巴基斯坦總理謝里夫、波蘭總理希德沃、塞爾維亞當選總統武契奇、西班牙首相拉霍伊、斯里蘭卡總理維克勒馬辛哈於 2017 年 5 月 15 日出席在北京舉行的「一帶一路」國際合作高峰論壇圓桌峰會。我們也歡迎聯合國秘書長古特雷斯、世界銀行行長金墉、國際貨幣基金組織總裁拉加德出席。會議由中華人民共和國主席習近平主持。

時代背景

當前，世界經濟深度調整，機遇與挑戰並存。這是一個充滿機遇的時代，各國都在追求和平、發展與合作。聯合國 2030 年可

[①] 新華社.「一帶一路」國際合作高峰論壇圓桌峰會聯合公報（全文）[EB/OL]. [2017-08-10]. http://news.xinhuanet.com/2017-05/15/c_1120976819.htm.

持續發展議程為國際發展合作描繪了新藍圖。

在此背景下，我們歡迎各國積極開展雙邊、三方、區域和多邊合作，消除貧困，創造就業，應對國際金融危機影響，促進可持續發展，推進市場化產業轉型，實現經濟多元化發展。我們高興地注意到，各國發展戰略和互聯互通合作倡議層出不窮，為加強國際合作提供了廣闊空間。

我們進一步認識到，世界經濟面臨諸多挑戰，雖在緩慢復甦，但下行風險猶存。全球貿易和投資增長依然低迷，以規則為基礎的多邊貿易體制有待加強。各國特別是發展中國家仍然面臨消除貧困、促進包容持續經濟增長、實現可持續發展等共同挑戰。

我們注意到，「絲綢之路經濟帶」和「21世紀海上絲綢之路」（「一帶一路」倡議）能夠在挑戰和變革中創造機遇，我們歡迎並支持「一帶一路」倡議。該倡議加強亞歐互聯互通，同時對非洲、拉美等其他地區開放。「一帶一路」作為一項重要的國際倡議，為各國深化合作提供了重要機遇，取得了積極成果，未來將為各方帶來更多福祉。

我們強調，國際、地區和國別合作框架和倡議之間溝通協調能夠為推進互聯互通和可持續發展帶來合作機遇。這些框架和倡議包括：2030年可持續發展議程，亞的斯亞貝巴行動議程，非洲2063年議程，文明古國論壇，亞太經合組織互聯互通藍圖，東盟共同體願景2025，亞歐會議及其互聯互通工作組，商旅驛站關稅倡議，中國和中東歐國家合作，中歐海陸快線，中間走廊倡議，中國—歐盟互聯互通平臺，歐盟東部夥伴關係，以平等、開放、

透明為原則的歐亞夥伴關係，南美洲區域基礎設施一體化倡議，東盟互聯互通總體規劃2025，歐亞經濟聯盟2030年經濟發展基本方向，氣候變化巴黎協定，跨歐洲交通運輸網，西巴爾干六國互聯互通議程，世界貿易組織貿易便利化協議等。

我們重申，在「一帶一路」倡議等框架下，共同致力於建設開放型經濟、確保自由包容性貿易、反對一切形式的保護主義。我們將努力促進以世界貿易組織為核心、普遍、以規則為基礎、開放、非歧視、公平的多邊貿易體制。

合作目標

我們主張加強「一帶一路」倡議和各種發展戰略的國際合作，建立更緊密合作夥伴關係，推動南北合作、南南合作和三方合作。

我們重申，在公平競爭和尊重市場規律與國際準則基礎上，大力促進經濟增長、擴大貿易和投資。我們歡迎推進產業合作、科技創新和區域經濟一體化，推動中小微企業深入融入全球價值鏈。同時發揮稅收和財政政策作用，將增長和生產性投資作為優先方向。

我們主張加強各國基礎設施聯通、規制銜接和人員往來。需要特別關注最不發達國家、內陸發展中國家、小島嶼發展中國家和中等收入國家，突破發展瓶頸，實現有效互聯互通。

我們致力於擴大人文交流，維護和平正義，加強社會凝聚力和包容性，促進民主、良政、法治、人權，推動性別平等和婦女賦權；共同打擊一切形式的腐敗和賄賂；更好應對兒童、殘疾

人、老年人等弱勢群體訴求；完善全球經濟治理，確保所有人公平享有發展機遇和成果。

我們決心阻止地球的退化，包括在氣候變化問題上立即採取行動，鼓勵《巴黎協定》所有批約方全面落實協定；以平等、可持續的方式管理自然資源，保護並可持續利用海洋、淡水、森林、山地、旱地；保護生物多樣性、生態系統和野生生物，防治荒漠化和土地退化等，實現經濟、社會、環境三大領域綜合、平衡、可持續發展。

我們鼓勵政府、國際和地區組織、私營部門、民間社會和廣大民眾共同參與，建立鞏固友好關係，增進相互理解與信任。

合作原則

我們將秉持和平合作、開放包容、互學互鑒、互利共贏、平等透明、相互尊重的精神，在共商、共建、共享的基礎上，本著法治、機會均等原則加強合作。為此，我們根據各自國內法律和政策，強調以下合作原則：

（1）平等協商。恪守《聯合國憲章》宗旨和原則，尊重各國主權和領土完整等國際法基本準則；協商制定合作規劃，推進合作項目。

（2）互利共贏。尋求利益契合點和合作最大公約數，兼顧各方立場。

（3）和諧包容。尊重自然和文化的多樣性，相信所有文化和文明都能夠為可持續發展做貢獻。

（4）市場運作。充分認識市場作用和企業主體地位，確保政

府發揮適當作用，政府採購程序應開放、透明、非歧視。

（5）平衡和可持續。強調項目的經濟、社會、財政、金融和環境可持續性，促進環境高標準，同時統籌好經濟增長、社會進步和環境保護之間的關係。

合作舉措

我們重申需要重點推動政策溝通、設施聯通、貿易暢通、資金融通、民心相通，強調根據各國法律法規和相關國際義務，採取以下切實行動：

（1）加強對話協商，促進各國發展戰略對接，注意到「一帶一路」倡議與第六段所列發展計劃和倡議協調發展，促進歐洲、亞洲、南美洲、非洲等地區之間夥伴關係的努力。

（2）就宏觀經濟問題進行深入磋商，完善現有多雙邊合作對話機制，為務實合作和大型項目提供有力政策支持。

（3）加強創新合作，支持電子商務、數字經濟、智慧城市、科技園區等領域的創新行動計劃，鼓勵在尊重知識產權的同時，加強互聯網時代創新創業模式交流。

（4）推動在公路、鐵路、港口、海上和內河運輸、航空、能源管道、電力、海底電纜、光纖、電信、信息通信技術等領域務實合作，歡迎新亞歐大陸橋、北方海航道、中間走廊等多模式綜合走廊和國際骨干通道建設，逐步構建國際性基礎設施網路。

（5）通過借鑑相關國際標準、必要時統一規則體制和技術標準等手段，實現基礎設施規劃和建設協同效應最大化；為私人資本投資基礎設施建設培育有利、可預測的環境；在有利於增加就

業、提高效率的領域促進公私夥伴關係；歡迎國際金融機構加強對基礎設施建設的支持和投入。

（6）深化經貿合作，維護多邊貿易體制的權威和效力；共同推動世界貿易組織第11次部長級會議取得積極成果；推動貿易投資自由化和便利化；讓普通民眾從貿易中獲益。

（7）通過培育新的貿易增長點、促進貿易平衡、推動電子商務和數字經濟等方式擴大貿易，歡迎有興趣的國家開展自貿區建設並商簽自貿協定。

（8）推動全球價值鏈發展和供應鏈聯接，同時確保安全生產，加強社會保障體系；增加雙向投資，加強新興產業、貿易、工業園區、跨境經濟園區等領域合作。

（9）加強環境、生物多樣性、自然資源保護、應對氣候變化、抗災、減災、提高災害風險管理能力、促進可再生能源和能效等領域合作。

（10）加強通關手續等方面信息交流，推動監管互認、執法互助、信息共享；加強海關合作，通過統一手續、降低成本等方式促進貿易便利化，同時促進保護知識產權合作。

（11）合作構建長期、穩定、可持續的融資體系；加強金融設施互聯互通，創新投融資模式和平臺，提高金融服務水平；探尋更好地服務本地金融市場的機會；鼓勵開發性金融機構發揮積極作用，加強與多邊開發機構的合作。

（12）為構建穩定、公平的國際金融體系做貢獻；通過推動支付體系合作和普惠金融等途徑，促進金融市場相互開放和互聯互通；鼓勵金融機構在有關國家和地區設立分支機構；推動簽署

雙邊本幣結算和合作協議，發展本幣債券和股票市場；鼓勵通過對話加強金融合作，規避金融風險。

（13）加強人文交流和民間紐帶，深化教育、科技、體育、衛生、智庫、媒體以及包括實習培訓在內的能力建設等領域務實合作。

（14）鼓勵不同文明間對話和文化交流，促進旅遊業發展，保護世界文化和自然遺產。

願景展望

我們攜手推進「一帶一路」建設和加強互聯互通倡議對接的努力，為國際合作提供了新機遇、注入了新動力，有助於推動實現開放、包容和普惠的全球化。

我們重申，促進和平、推動互利合作、尊重《聯合國憲章》宗旨原則和國際法，這是我們的共同責任；實現包容和可持續增長與發展、提高人民生活水平，這是我們的共同目標；構建繁榮、和平的人類命運共同體，這是我們的共同願望。

我們祝賀中國成功舉辦「一帶一路」國際合作高峰論壇。

推進「一帶一路」貿易暢通合作倡議[①]

2017年5月14日,中國商務部主辦的「一帶一路」國際合作高峰論壇高級別會議「推進貿易暢通」平行主題會議在北京舉行。來自相關國家和國際機構的代表圍繞「暢通、高效、共贏、發展,深化『一帶一路』經貿合作」主題,進行了深入和富有成效的討論,達成廣泛共識。本倡議根據此次會議討論情況制定,由相關國家和國際機構在自願基礎上參與,並對未來參與保持開放。

倡議參與方(以下簡稱「參與方」)認識到,在當前全球經濟增長動力不足的背景下,有必要在尊重各國發展目標的同時,推動更具活力、更加包容、更可持續的經濟全球化,促進貿易投資自由化和便利化,抵制保護主義,推進「一帶一路」貿易暢通合作,實現合作共贏。

參與方注意到,各方為加強「一帶一路」倡議與其他倡議和計劃的合作與對接做出積極努力,這些努力有助於推動在歐洲、亞洲、南美洲、非洲以及其他區域間構建合作夥伴關係。與此同時,對於最不發達國家,要給予特別關注。

促進貿易增長

參與方強調,願通過推進貿易便利化、發展新業態、促進服

---

① 中華人民共和國駐加蓬共和國大使館經濟商務參贊處.《推進「一帶一路」貿易暢通合作倡議》在京發布[EB/OL].[2017-08-10]. http://ga.mofcom.gov.cn/article/jmxw/201705/20170502576350.shtml.

務貿易合作，推動和擴大貿易往來。參與方重申，支持以世貿組織為基石的多邊貿易體制，參與方中的世貿組織成員願推動世貿組織第 11 屆部長級會議取得積極成果。中方願繼續擴大市場開放，實施積極進口政策，為更多外國產品進入中國市場提供便利。中國將從 2018 年起舉辦中國國際進口博覽會，為有關國家客商來華參展參會提供支持，並願與感興趣的國家和地區商建自由貿易區。預計未來 5 年，中國將從沿線國家和地區進口 2 萬億美元的商品。

振興相互投資

參與方表示，願加強投資合作，探索創新投資合作模式，促進更多富有質量和效率的投資。參與方將繼續保護投資者的合法權益，營造有利的投資環境。同時，將加強投資與貿易的聯動，以投資帶動貿易。「一帶一路」沿線國家呼籲加大區域價值鏈投資，開展國際產能合作，共建經貿產業合作區，並採取其他增進優勢互補的舉措，實現互利共贏。中方願深化與有關國家和地區的投資合作。未來 5 年，中方對沿線國家和地區的投資預計將達到 1,500 億美元。

促進包容可持續發展

參與方重申，願共同履行推進聯合國 2030 年可持續發展議程的承諾，加強貿易投資領域的經濟技術合作和能力建設，全面均衡地促進經濟、社會和環境的包容和可持續發展。中方願為沿線國家和地區提供 1 萬個來華研修和培訓名額，幫助有關國家加強

貿易投資人才培養。中方還願支持聯合國相關機構和世貿組織為沿線國家量身打造貿易投資合作方案，推動實現包容和可持續發展。

展望

展望未來，參與方期待進一步加強貿易投資和經濟合作，提升經濟活力，密切商務往來，促進貿易暢通，讓沿線各國和各地區人民在合作中更多獲益，共享經濟全球化紅利。

關於開展支持中小企業參與「一帶一路」建設專項行動的通知

工業和信息化部　中國國際貿易促進委員會

2017 年 8 月

各省、自治區、直轄市及計劃單列市、新疆生產建設兵團中小企業主管部門，各省、自治區、直轄市、新疆生產建設兵團、副省級城市貿促會，各行業貿促會：

推進「一帶一路」建設是黨中央、國務院統籌國際國內兩個大局做出的重大決策。中小企業是「一帶一路」沿線各國對外經貿關係中最重要的合作領域之一，也是促進各國經濟社會發展的重要力量。隨著「一帶一路」建設的不斷推進，中國中小企業迎來了新的發展機遇和廣闊的發展空間。為加強中國中小企業與「一帶一路」沿線各國的經濟技術合作和貿易投資往來，支持中小企業「走出去」「引進來」，工業和信息化部、中國國際貿易促進委員會（以下簡稱中國貿促會）決定開展支持中小企業參與「一帶一路」建設專項行動。有關事項通知如下：

一、總體要求

貫徹落實黨中央、國務院支持中小企業發展的決策部署，以「一帶一路」建設為統領，堅持共商、共建、共享原則，完善雙邊和多邊合作機制，發揮中小企業在「一帶一路」建設中的重要作用，深化中國中小企業與沿線各國在貿易投資、科技創新、產

能合作、基礎設施建設等領域的交流與合作，構建和完善支持中小企業國際化發展的服務體系。支持中小企業技術、品牌、行銷、服務「走出去」，鼓勵中小企業引進沿線國家的先進技術和管理經驗，加快培育中小企業國際競爭新優勢。

二、重點工作

（一）助力中小企業赴沿線國家開展貿易投資

（1）支持中小企業參加國內外展覽展銷活動。創新中國國際中小企業博覽會辦展機制，推進國際化、市場化、專業化改革，重點邀請沿線國家共同主辦，並設立「一帶一路」展區，繼續為中小企業參展提供支持。鼓勵中小企業參與工業和信息化部、中國貿促會舉辦的境內外展會和論壇活動。支持各地中小企業主管部門與貿促會分支機構合作開展專門面向沿線國家中小企業的展覽活動，幫助中小企業特別是「專精特新」中小企業展示產品和服務，為中小企業搭建展示、交易、合作、交流的平臺。

（2）建立經貿技術合作平臺。共同搭建「中小企業『一帶一路』合作服務平臺」，為中小企業提供沿線國家經貿活動信息，支持各地中小企業主管部門、中小企業服務機構和貿促會分支機構聯合開展企業洽談、項目對接等活動。鼓勵中小企業服務機構和企業到沿線國家建立中小企業創業創新基地，開展技術合作、科研成果產業化等活動。吸引沿線國家中小企業在華設立研發機構，促進原創技術在中國孵化落地。

（3）鼓勵中小企業運用電子商務開拓國際市場。支持各地中小企業主管部門積極參與中國貿促會跨境電子商務示範園區和單

品直供基地建設，鼓勵並支持創新性的中小型跨境電商企業入駐發展。大力推進中國貿促會「中國跨境電商企業海外推廣計劃」，針對中小企業在通關報檢、倉儲物流、市場開拓、品牌建設等方面的需求，引入第三方專業機構，提供定制化服務，幫助中小企業利用跨境電子商務開展國際貿易。

（4）促進中小企業開展雙向投資。支持在有條件的地方建設中國與沿線國家中小企業合作區，進一步發揮合作區引進先進技術、管理經驗和高素質人才的載體作用，在中小企業服務體系建設、技術改造、融資服務、小型微型企業創業創新基地建設、人才培訓等方面提供指導和服務。大力培養外向型產業集群。組織中小企業赴境外園區考察，引導企業入園發展，協助園區為入駐企業提供展覽展示、商事法律、專項培訓等服務，幫助中小企業提高抗風險能力。通過以大帶小合作出海，鼓勵中小配套企業積極跟隨大企業走向國際市場，參與產能合作和基礎設施建設，構建全產業鏈戰略聯盟，形成綜合競爭優勢。促進與沿線國家在新一代信息技術、生物、新能源、新材料等新興產業領域深入合作。

（二）為中小企業提供優質服務

（1）加強經貿信息、調研等服務。加大信息收集、整理、分析和發布力度，用好網站、微信公眾號、報紙雜誌等載體，提供沿線國家的政治環境、法律法規、政策准入、技術標準、供求信息、經貿項目、商品價格、文化習俗等信息，重點發布沿線國家投資風險評估報告和法律服務指南。注重收集並向沿線國家政府反應中國中小企業合理訴求，維護其在當地合法權益。支持建立

產、學、研、用緊密結合的新型智庫，重點面向中小企業，圍繞沿線國家產業結構調整、產業發展規劃、產業技術方向等開展諮詢研究。實施「中小企業『一帶一路』同行計劃」，聚合國際合作服務機構，加強信息共享，強化服務協同，助力中小企業走入沿線國家。鼓勵中小企業服務機構、商業和行業協會到沿線國家設立分支機構，發揮中國貿促會駐外代表處、境外中資企業商協會和企業作用，探索在條件成熟的沿線國家設立「中國中小企業中心」，為中小企業到沿線國家投資貿易提供專業化服務。

（2）強化商事綜合服務。構建面向中小外貿企業的商事綜合服務平臺，提供商事認證、商事諮詢、外貿單據製作、國際結算、出口退稅等綜合服務。繼續完善「中小企業外貿綜合服務平臺」功能，為廣大中小企業提供貿易投資諮詢、通關報檢、融資擔保、信用評級等一攬子外貿服務。

（3）完善涉外法律服務。建立健全中小企業風險預警機制，幫助中小企業有效規避和妥善應對國際貿易投資中潛在的政治經濟安全和投資經營風險。開通中小企業涉外法律諮詢熱線，及時解答企業涉外法律問題並提供解決方案。建立健全中小企業涉外法律顧問制度，提供一體化綜合法律服務。組織經貿摩擦應對，幫助中小企業依法依規解決國際經貿爭端，維護海外權益。深入實施中小企業知識產權戰略推進工程，提升中小企業知識產權創造、運用、保護和管理能力。完善知識產權管理和專業化服務，降低中小企業知識產權申請、保護、維權成本，推動知識產權轉化。幫助中小企業開展境外知識產權佈局，妥善應對涉外知識產權糾紛。

（三）提升中小企業國際競爭力

（1）開展專題培訓。圍繞中小企業關注的焦點問題，開展多層次專題培訓，幫助中小企業提升經營管理水平和國際競爭能力。進一步發揮國家重大人才工程的作用，深入實施中小企業領軍人才培訓計劃，共同開展中小企業國際化經營管理領軍人才培訓，加大對中小企業跨國經營管理人才培訓力度。

（2）提高中國品牌海外影響力。開展「中國品牌海外推廣計劃」，引導企業增強品牌意識，提升品牌管理能力。通過幫助中小企業有選擇地赴海外參展，組織產品發布會等活動，宣傳推介自創品牌及產品，為中國品牌「抱團出海」搭建促進平臺。

（3）引導企業規範境外經營行為。引導中小企業遵守所在國法律法規，尊重當地文化、宗教和習俗，保障員工合法權益，做好風險防範，堅持誠信經營，抵制商業賄賂。注重資源節約利用和生態環境保護，主動承擔社會責任，實現與所在國的互利共贏、共同發展。

三、保障措施

（一）加強組織領導

工業和信息化部與中國貿促會聯合成立工作組，負責指導專項行動的落實，制訂年度工作計劃，定期評估成效。建立工作機制，整合服務資源，創新服務模式，完善政策措施，形成工作合力。

各地中小企業主管部門、中國貿促會各部門各單位、各地方和行業貿促會要加強組織領導，建立支持中小企業參與「一帶一

路」建設專項行動的工作協調機制，結合本地實際制訂工作計劃，明確工作目標及責任人。

(二) 發揮多雙邊機制作用

工業和信息化部繼續深化中小企業領域的多雙邊政策磋商機制，鼓勵和支持各地中小企業主管部門、中小企業服務機構與沿線國家有關政府部門、行業協會、商會等建立合作機制，擴大利益匯合點，加強在促進政策、貿易投資、科技創新等領域的合作，探索更多更有效的互利共贏模式。

中國貿促會發揮多雙邊工商合作機制作用，與有關國際組織、沿線國家貿易投資促進機構、商協會建立並拓展合作關係，為中小企業參與「一帶一路」建設營造良好環境。

(三) 加強政策與輿論引導

各地方中小企業主管部門要結合本地區產業發展情況，加強產業政策引導，指導和鼓勵本地區有條件的中小企業積極參與「一帶一路」建設。及時總結中國中小企業國際合作的經驗，推介成功案例並做好風險提示，通過示範引領，為中小企業「走出去」提供參考和借鑑。大力宣傳中小企業在推進「一帶一路」建設中的重要作用，及時、準確通報信息，講好「中國故事」，突出平等合作、互利共贏、共同發展的合作理念，積極推介中國中小企業產品、技術和優勢產業。

「一帶一路」政策溝通進度摘要

（2016年12月至2017年9月）

中韓中澳自貿協定實施一周年　天津出口企業獲關稅減免5,100萬美元

2016年12月20日，中韓、中澳自貿協定實施一周年。一年來，天津檢驗檢疫局為天津出口企業簽發中國—韓國和中國—澳大利亞自貿協定原產地證書共計1.81萬份，貨值達10.31億美元，獲得進口方海關關稅減免5,100萬美元。（央廣網）

中國與海合會開始第九輪自貿區談判

2016年12月19日，中國和海灣阿拉伯國家合作委員會（簡稱海合會）第九輪自貿區談判在沙特阿拉伯首都利雅得開始舉行。中國商務部副部長王受文與海合會自貿區談判總協調人、沙特阿拉伯財政副大臣巴茲分別率團出席此輪談判。（新華網）

國家發展改革委西部開發司召開「一帶一路」國際合作高峰論壇高級別會議及平行主題會議成果設計研討會

2016年12月20日，為做好「一帶一路」國際合作高峰論壇高級別會議及平行主題會議的成果設計工作，國家發展改革委西部開發司歐曉理巡視員主持召開了成果設計研討會。（國家發展改革委網站）

吉爾吉斯斯坦「亞洲之星」農業產業合作區簽署經貿合作備忘錄

2017年1月6日，吉爾吉斯斯坦經濟部與中國河南貴友實業集團開發的吉爾吉斯斯坦「亞洲之星」農業產業合作區簽署經貿領域合作備忘錄。在此框架下，吉爾吉斯斯坦將幫助該國家級境外經濟貿易合作區發展壯大。（新華絲路網）

國家發展改革委會同13個部門和單位建立「一帶一路」PPP工作機制

2017年1月初，國家發展改革委會同外交部、環境保護部、交通運輸部、水利部、農業部、中國人民銀行、國資委、林業局、銀監會、能源局、外匯局以及全國工商聯、中國鐵路總公司等13個部門和單位，共同建立「一帶一路」PPP（Public-Private-Partnership，公私合作夥伴關係）工作機制。（國家發展改革委網站）

中國首次從國家層面明確多式聯運戰略定位

2017年1月初，由交通運輸部等18個部門歷時一年時間，共同研究制定的多式聯運發展的一攬子政策措施《交通運輸部等十八個部門關於進一步鼓勵開展多式聯運工作的通知》（以下簡稱《通知》）出抬。這是中國首次從國家層面、多部門聯合推進，針對多式聯運發展進行的專項部署。《通知》明確提出構建統一、開放、公平、有序的多式聯運市場環境。已依法獲得鐵

路、道路、水路、航空貨物運輸以及無車承運、無船承運、郵政快遞業務經營資質或者國際貨運代理備案的企業，可獨立開展與其主營業務相關的多式聯運經營活動，或者聯合其他具有相關資質的企業組織開展多式聯運經營活動，不再對其增設新的行政審批事項。（新華網）

中非互利合作呈現新變化

2017年1月7日至12日，中國外交部長王毅對馬達加斯加、贊比亞、坦桑尼亞、剛果共和國和尼日利亞進行了正式訪問。中非合作最近一年多以來在落實2015年中非合作論壇約翰內斯堡峰會的成果中汲取了新動力，互利合作呈現出新變化。（新華網）

亞洲金融論壇：「一帶一路」建設有助於推動亞洲貿易和投資增長

2017年1月16日，出席第十屆亞洲金融論壇的多名嘉賓表示，在全球經濟前景不明的情況下，「一帶一路」建設在推動亞洲貿易和投資增長方面將發揮重要作用，而這也有助於穩定全球經濟。（新華網）

格魯吉亞願在「一帶一路」框架下擴大格中農業合作

格魯吉亞農業部長列萬·達維塔什維利於2017年2月3日在第比利斯表示，格魯吉亞願在「一帶一路」框架下進一步擴大與中國在農業領域的務實合作。（新華網）

2017APEC 第一次高官會在越南芽莊舉行

2017 亞洲太平洋經濟合作組織（APEC）第一次高官會和相關會議於 2017 年 2 月 18 日在越南中部城市芽莊開幕。此次會議將持續至 2017 年 3 月 3 日，其間將舉行 56 場會議、研討會和對話會。此外，APEC 成員代表將討論 2017APEC 合作優先議題，貿易投資、經濟、技術、預算管理四大委員會的優先議題以及 2017APEC 合作規劃和方向等。（新華網）

中菲舉辦投資論壇推動雙邊合作

2017 年 2 月 24 日，由中國商務部和菲律賓貿工部聯合主辦的「中菲經貿投資論壇」在馬尼拉舉行，來自兩國政府、金融機構和企業的近 300 名代表就如何推動雙邊合作展開探討。中國駐菲律賓大使趙鑒華表示，菲律賓是「一帶一路」倡議的支持者，菲律賓總統杜特爾特將於 2017 年 5 月赴中國參加「一帶一路」國際合作高峰論壇，菲律賓將成為「21 世紀海上絲綢之路」建設的重要組成部分。（新華網）

中國方案的世界回響——寫在人類命運共同體理念首次載入安理會決議之際

2017 年 3 月 17 日，構建人類命運共同體理念首次載入聯合國安理會決議。人類命運共同體理念之所以獲得廣泛的關注和認同，在於其繼承和維護以《聯合國憲章》宗旨和原則為核心的國際秩序和國際體系，不搞窮兵黷武，拋棄零和博弈，奉行雙贏、

多贏、共贏的新理念，契合世界各國對於發展的共同訴求。（新華網）

中蒙俄三國召開《建設中蒙俄經濟走廊規劃綱要》推進落實工作組司局級會議

2017年3月24日，中國、蒙古國、俄羅斯三國牽頭部門在北京召開《建設中蒙俄經濟走廊規劃綱要》（以下簡稱《規劃綱要》）推進落實工作組司局級會議。外交部、交通部、商務部、鐵路局、國家開發銀行、中國進出口銀行、中國鐵路總公司有關同志及蒙古國、俄羅斯有關部門和駐華機構及企業代表參會。（國家發展改革委網站）

七國鐵路部門簽署《關於深化中歐班列合作協議》助推「一帶一路」建設

2017年4月20日，中國、白俄羅斯、德國、哈薩克斯坦、蒙古國、波蘭、俄羅斯等七國鐵路部門正式簽署《關於深化中歐班列合作協議》。這是中國鐵路第一次與「一帶一路」沿線主要國家鐵路部門簽署有關中歐班列開行方面的合作協議，標誌著中國與沿線主要國家鐵路部門的合作關係更加緊密，既為中歐班列的開行提供了更加有力的機制保障，也對進一步密切中國與上述六國的經貿交流合作、助推「一帶一路」建設具有重要意義。（新華網）

發改委主任：已簽署 50 多份「一帶一路」政府間合作協議

中國國家發展和改革委員會主任何立峰於 2017 年 5 月 14 日在北京說，中國提出的共建「一帶一路」倡議已得到 100 多個國家和國際組織的響應，先後與沿線國家和國際組織簽署了 50 多份「一帶一路」政府間合作協議。（中國新聞網）

中國已與中東歐 13 國簽署推進「一帶一路」合作文件

目前，中國已與中東歐 16 國中的 13 個國家簽署了推進「一帶一路」合作文件，中東歐國家參與「一帶一路」建設的積極性日益高漲。近年來，中國和中東歐國家經貿合作紮實推進，主要表現在三個方面：一是雙方貿易穩步發展。中國與中東歐 16 國進出口貿易從 2010 年的 439 億美元增至 2016 年的 587 億美元。雙方貿易在中歐貿易中的份額持續攀升，2016 年占同期中國與歐洲進出口貿易的 9.8%。二是相互投資不斷擴大。據不完全統計，中國企業在中東歐國家的投資超過 80 億美元，涉及機械、化工、電信、家電、新能源、物流、研發、金融、農業等領域，投資形式更加多樣化。中東歐 16 國在華投資超過 12 億美元，涉及機械製造、汽車零部件、化工、金融、環保等多個領域。三是基礎設施建設領域合作碩果累累。中國企業承建的塞爾維亞貝爾格萊德跨多瑙河大橋、科斯托拉茨電站一期、波黑斯坦納里火電站、波蘭城市防洪項目已完工；塞爾維亞科斯托拉茨電站二期和 E763 高速公路、馬其頓兩條高速公路、黑山南北高速公路、波蘭輸變電安裝建設等項目總體進展順利；匈塞鐵路匈牙利段已簽署建設

合同，塞爾維亞境內的貝爾格萊德—舊帕佐瓦段已簽署商務合同和貸款協議，有望於 2017 年年底開工。（中國證券網）

新加坡表示全力支持和參與「一帶一路」建設

2017 年 6 月 12 日，來華訪問的新加坡外交部部長維文在北京與中國外交部部長王毅共同會見記者時，回答了中國媒體關於新加坡參與「一帶一路」建設的提問。維文表示，「一帶一路」倡議具有歷史意義，新加坡從一開始就全力支持。他認為，「一帶一路」倡議將為亞洲各國提供亟須的基礎設施建設和互聯互通支持，把亞洲、歐洲以及大洋洲國家連接在一起，最終為全世界人民帶來和平與繁榮。新加坡處於獨特的地理位置，是「一帶一路」沿線的重要一站，新加坡可以依託地區金融中心地位為「一帶一路」建設的融資要求提供支持。（外交部網站）

中聯部部長宋濤：通過金磚合作攜手推進「一帶一路」建設

2017 年 6 月 12 日，中共中央對外聯絡部部長宋濤表示，金磚國家政黨、智庫和民間社會組織要推動金磚合作成為新型南南合作的先行者，其中重要的方面就是攜手推進「一帶一路」建設。（中國新聞網）

泰國推進東部經濟走廊計劃　積極表態希望同「一帶一路」對接

泰國副總理頌吉在 2017 年 6 月 22 日舉行的「泰國大戰略動向」說明會上特別強調，泰國要與「一帶一路」倡議對接，特別

是實現東部經濟走廊鐵路與中泰鐵路合作項目對接，讓東部經濟走廊成為本地區的物流中心。（中國網）

中俄簽署《關於歐亞經濟夥伴關係協定聯合可行性研究的聯合聲明》

2017年7月4日，中國與俄羅斯簽署了《中華人民共和國商務部與俄羅斯聯邦經濟發展部關於歐亞經濟夥伴關係協定聯合可行性研究的聯合聲明》（以下簡稱《聲明》），決定開展歐亞經濟夥伴關係協定的可行性研究。歐亞經濟夥伴關係協定的可行性研究的開展，是為了具體落實兩國領導人關於「一帶一路」倡議與歐亞經濟聯盟建設對接合作的重要共識，不僅有利於探索進一步擴大雙邊貿易投資往來，還將致力於創造更加公平、透明、便利、可預期的貿易投資環境，共同促進區域經濟發展。（商務部網站）

中國—新西蘭自由貿易協定第二輪升級談判在北京舉行

2017年7月4日至6日，中國—新西蘭自由貿易協定第二輪升級談判在北京舉行。雙方圍繞技術性貿易壁壘、海關程序與貿易便利化、原產地規則、服務貿易、投資、競爭政策、電子商務、農業合作、環境、政府採購等議題展開磋商。（商務部網站）

中國和東帝汶簽署經濟技術合作協定

2017年7月13日，中國駐東帝汶大使劉洪洋在帝力與東帝汶外交部部長科埃略分別代表各自政府簽署經濟技術合作協定，

以支持中東雙方在醫療和教育領域開展合作。（商務部網站）

中國駐土庫曼斯坦大使孫煒東：土「復興古絲綢之路」與「一帶一路」倡議契合 中土正商簽合作文件

中國駐土庫曼斯坦大使孫煒東於 2017 年 7 月 18 日透露，土庫曼斯坦是較早支持和參與「一帶一路」建設的國家，中土雙方正在商簽共同推進「一帶一路」建設的合作文件，加緊進行政策對接，不斷擴大和深化中土各領域合作。（搜狐網）

中國與東盟就進一步加強互聯互通合作達成共識

中國—東盟互聯互通合作委員會第三次會議於 2017 年 7 月 25 日在印度尼西亞首都雅加達召開，中國和東盟就進一步加強互聯互通合作達成共識。（新華網）

中日執政黨交流機制第六次會議舉行

2017 年 8 月 7 日至 9 日，由中國共產黨和日本自民黨、公明黨共同舉辦的中日執政黨交流機制第六次會議在日本舉行。會議期間，雙方圍繞政治和經濟專題進行了坦誠、深入地交流，一致同意並共同倡議要在「一帶一路」框架內積極開展合作，為推動經濟全球化、應對全球性課題做出貢獻。（人民網）

第十一屆中國—東盟民間友好大會通過《暹粒宣言》

2017 年 8 月 8 日，第十一屆中國—東盟民間友好大會在柬埔寨暹粒市閉幕並通過《暹粒宣言》。《暹粒宣言》提出，東盟國家

處於「一帶一路」的陸海交匯地帶，是推進「一帶一路」建設的優先方向和重要夥伴。各方支持「一帶一路」倡議與東盟各國發展規劃加強對接。（人民網）

中印尼高層經濟對話第三次會議在北京舉行

2017年8月22日，中國—印尼高層經濟對話第三次會議在北京舉行。會議旨在落實兩國元首達成的重要共識，深化兩國全面戰略夥伴關係，深入推進「一帶一路」建設，推動各領域務實經濟合作向前發展。（中央人民政府網）

張高麗會見沙特國王薩勒曼

2017年8月24日，應邀訪問沙特阿拉伯的中共中央政治局常委、國務院副總理張高麗在吉達會見沙特阿拉伯國王薩勒曼。張高麗表示，中方讚賞沙方參與「一帶一路」建設的積極行動，歡迎沙特阿拉伯成為共建「一帶一路」的全球合作夥伴。雙方還在加緊商簽「一帶一路」倡議同「2030願景」戰略對接實施方案。（央廣網）

2017中國—阿拉伯國家工商峰會發布《銀川宣言》

2017年9月6日，2017中國—阿拉伯國家工商峰會在銀川舉行。會議發布的《銀川宣言》認為，中國與阿拉伯國家之間經濟互補性強，將在產能和裝備製造、基礎設施、數字互聯互通、中小企業、農業等多個方面深化合作。在基礎設施方面，中阿雙方應在「一帶一路」倡議框架下，加強公路、鐵路、港口、電力等

大型基礎設施項目建設，推動基礎設施互聯互通。會議還強調政府和社會資本合作模式對於基礎設施建設的重要性，倡議雙方企業積極參與基礎設施建設項目。（寧夏新聞網）

中菲將加快經貿合作項目進展

中國商務部亞洲司司長吳政平於 2017 年 9 月 9 日表示，利用此次出席東亞合作經貿部長系列會議的機會，中國商務部部長鐘山兩次會見菲方經濟官員，雙方同意，將加快在菲合作項目的工作進度，爭取 2017 年年底前取得重要進展。（中國經濟網）

中孟兩國簽署網路建設框架協議

2017 年 9 月 10 日，中國和孟加拉國兩國政府代表在孟加拉國首都達卡簽署框架協議，中方將為孟方提供優惠貸款，用於建設孟加拉國網路基礎設施項目。該項目將助益提高中孟信息通信基礎設施的互聯互通水平，是「一帶一路」建設的重要內容之一。（新華絲路網）

何立峰主任會見黎巴嫩經濟和貿易部長扈里並簽署中黎共建「一帶一路」合作文件

2017 年 9 月 8 日，國家發展改革委主任何立峰會見了黎巴嫩經濟和貿易部長扈里，雙方就共建「一帶一路」，進行規劃對接，深化產能與投資、金融、貿易合作以及人文交流等深入交換了意見。會後，兩國政府簽署了《關於共同推進絲綢之路經濟帶與 21 世紀海上絲綢之路建設的諒解備忘錄》。（國家發展改革委網站）

中總與中華全國工商聯簽署備忘錄 加強馬中企業合作

2017年9月，馬來西亞中華總商會（中總）與中華全國工商業聯合會（中華全國工商聯）簽署「一帶一路」合作備忘錄，以促進兩會的合作。中總總會長戴良業表示，中總和中華全國工商聯將會加強信息交流，共享馬中兩國經濟發展情況、投資機會、商會信息以及刊物，增加兩會的瞭解與共識。（商務部網站）

國家圖書館出版品預行編目(CIP)資料

一本書讀懂「一帶一路」 / 梁海明 著. -- 第一版.
-- 臺北市 : 崧燁文化, 2018.09

面 ; 公分

ISBN 978-957-681-610-9(平裝)

1. 區域經濟 2. 國際合作 3. 中國大陸研究

553.16　　107014697

書　名：一本書讀懂「一帶一路」
作　者：梁海明 著
發行人：黃振庭
出版者：崧博出版事業有限公司
發行者：崧燁文化事業有限公司
E-mail：sonbookservice@gmail.com
粉絲頁　　　　　網　址
地　址：台北市中正區重慶南路一段六十一號八樓815室
8F.-815, No.61, Sec. 1, Chongqing S. Rd., Zhongzheng Dist., Taipei City 100, Taiwan (R.O.C.)
電　話：(02)2370-3310　傳　真：(02) 2370-3210
總經銷：紅螞蟻圖書有限公司
地　址：台北市內湖區舊宗路二段 121 巷 19 號
電　話：02-2795-3656　傳真：02-2795-4100　網址：
印　刷：京峯彩色印刷有限公司（京峰數位）

　　本書版權為西南財經大學出版社所有授權崧博出版事業有限公司獨家發行電子書繁體字版。若有其他相關權利及授權需求請與本公司聯繫。

定價：450 元

發行日期：2018 年 9 月第一版

◎ 本書以POD印製發行